혼자 사는데 돈이라도 있어야지

혼자 사는데 돈이라도 있어야지

윤경희 지음

ㄱㄴㄷ

프/롤/로/그

먼저 해본 언니의 찐 잔소리

“결혼을 꼭 해야 할까?”라고 질문하는 많은 친구와 후배들에게 나는 “꼭 그럴 필요는 없잖아!”라고 주저함 없이 이야기 해왔다. 하지만 그러면서도 사실 마음에 걸리는 게 있었다. 외로움과 돈, 이 두 가지다.

먼저 외로움에 대해서. 나는 태생적으로 혼자만의 시간이 꼭 필요한 인간형이고, 내 집에서 보내는 시간을 제일 좋아하는 자타공인 집순이다. 하지만 좋아하는 사람들과 이야기하고 음식을 먹으며 ‘에너지’(수다라고 말하는)를 나누는 것도 내 삶을 충만하게 만드는 중요한 요소다. 사회 활동을 활발하게 하는 지금이야 결혼을 안 해도 그런 에너지를 어렵지 않게 충전할 수 있지만, 나이가 들어 일을 그만두게 된 후에도 과연 괜찮을지 의심스러웠다. 하지만 함께 늙어갈 수 있는 좋은 친구와 연대를 돈독하게 쌓아가고, 부모님과 형제자매들이 있으니 그들을 소중히 여기면 된다는 것으로 일단 외로움은 극복.

다음 문제는 '돈'이다. 혼자 살아가기 위해서는 반드시 경제적 독립, 즉 스스로 조달할 수 있는 돈이 필요하다. 먹기 위해 음식을 사고, 안전하게 쉴 안락한 집을 마련하기 위해서 돈은 필수 조건이다. 몸과 마음을 채우기 위해서 여행을 하려고 해도, 하다못해 책 한 권, 영화 한 편을 보려 해도 돈이 필요하다. 그러려면 어쨌든 죽기 직전까지 돈을 벌어야 하는데, 결혼 없이 살려면 혼자 그 짐을 오롯이 떠안아야 한다. 자산이란 건 그렇다. 혼자는 힘들지만 둘셋이 모이면 최소한의 생계비를 마련하기 쉬워진다. 혼자는 아무래도 자금 규모가 작아서 여유 있는 운용이 힘들어진다. 과연 혼자 힘으로 평생 돈 걱정 없이 살 수 있을까?

비혼에 대해 생각하면 늘 이 질문이 따라왔다. 물론 돈이 결혼의 조건이라고 생각하는 건 아니다. 다만 어려운 일이 있을 때 버팀목이 되어줄 수 있는 경제 파트너가 있다면, 혼자 벌어야 하는 짐에서 조금은 가벼워지는 게 사실이다.

30대에 접어들면서 나는 이 두 가지 문제에 대해 깊이 고민하기 시작했다. 일이 너무 바빴고, 결혼까지 갈 만큼의 인연도 없었다. 대학 졸업 후 친구들과 재미로 찾아간 몇 명의 점쟁이들 말도 영향이 있었다. 그들은 한결같이 이렇게 말했다. "결혼, 기다리지 마. 당신은 일찍 결혼하면 백발백중 이혼할 팔자야. 하더라도 늦게 할 거야. 38세쯤?"

그들의 말처럼 대학 졸업 후 패션MD로, 신문기자로 활동하며 흔히 말하는 '화려한 싱글'을 누릴 만큼 누렸다. 사치는 안 했지만 하고 싶은 일은 모조리 했고, 쓰고 싶은 것도 웬만큼 다 썼다. 일찍 결혼해서 전업주부로 사는 친구들은 "네 마음대로 사니 부럽다"고 했다. 심지어는 고모, 이모, 작은어머니 할 것 없이 가까운 '여자' 가족들은 "혼자 사는 것도 나쁘지 않다"는 진심 어린 충고를 했다. 나도 그 생각에 동의했다. 그래, 혼자 더 멋지게 살 수 있어. 걱정은 그만하고 잘 살 수 있는 준비를 하자.

그때부터 나는 비혼 인생을 위한 경제적 준비에 들어갔다. 월 급여 수준이 높지 않은 정말 평범한 월급쟁이가 할 수 있는 방법을 찾고 또 찾았다. 그러면서 '조금만 빨리 이렇게 했다면 좋았을걸'이라는 아쉬움이 들었다. 내가 만약 이런 생각을 대학생 때 했다면, 돈을 벌기 시작한 20대부터 실천했다면, 지금 훨씬 더 많은 자금을 마련했을 것이다. 30대 후반에 무리 없이 지금보다 더 좋은 집을 구할 수 있었다는 것엔 의심의 여지가 없다. 경제적 독립을 생각하지 못하고 살아왔던 시간이 아깝고, 만약 그 시기에 누군가가 나에게 이런 충고를 해줬다면 좋았겠다는 아쉬움이 크다. 이것이 바로 내가 이 책을 쓴 이유다.

이 책은 결혼하지 않기로 선택한 여성을 위한 경제 지침서다. 비혼 여성의 필수 조건인 경제적 독립을 위한 가장 효율적인 방법들만 모았다. 내가 주장하는 자산 관리법은 꽤 간단하고 명료해서 '이 정도는 누구나 아는 거 아냐?'라고 반문할 수도 있다. 하지만 모든 일이 그렇지 않나. '교과서 위주로 공부하면 된다'는 말처럼 원칙은 단순하다. 성패는 잘 실행할 수 있느냐 없느냐의 차이다.

어디서 갑자기 큰돈이 들어오지 않는 이상, 단단한 나만의 가정 경제를 구축하기 위해서는 시간을 들여 공부하고 공들여 관리하는 '습관'이 절대적으로 필요하다. 특히 나의 소중한 급여가 나도 모르게 스쳐 지나가지 않게 하려면, 효율적이고 일목요연하게 자금 흐름을 정리하고 관리할 수 있는 통장 쪼개기가 필수다. 일을 하지 않아도 월급처럼 따박따박 현금이 들어오는 연금을 일찍이 가입한 것은 내가 한 투자 활동 중 가장 잘했다고 생각하는 일이다.

지금처럼 예기치 못한 전염병이 아니더라도 혼자 지낼수록 나이 듦에 따라 지출 규모가 커질 수밖에 없는 의료비도 마련해놔야 한다. 이 부분은 의외로 쉽다. 똘똘한 보장성 보험 하나만 가입해놓으면 일단 해결할 수 있다.

이 정도만 계획해서 세팅해놓으면, 할 수 있는 기본

준비는 다 됐다. 돈을 불리는 것도 좋지만, 이미 들어온 돈을 잘 관리하는 것이 더 중요하다. 피땀 흘려 번 돈을 의미 없이 흘려보내는 건 너무 아까우니까.

나는 어마어마한 규모의 돈을 벌었거나, 집을 수십 채 가지고 있다는 재테크 책 저자들처럼 화려한 커리어는 없다. 하지만 한 달에 들어오는 돈이 빤한, 평범한 월급쟁이로서 어떻게 하면 내 '피 같은 돈'을 효율적으로 관리하고, 챙겨야 할 것들을 꼼꼼하게 챙길 수 있는지는 안다. 그렇게 나 혼자의 힘으로 자산을 불려 나갔고, 집을 샀고, 지금도 꾸준히 관리와 투자를 한다. 집값이 이렇게 오르는데 어떻게 집을 사냐고? 당장은 믿기 어려울 수도 있지만 이 책을 뒤적이고 있는 당신도 충분히 집을 살 수 있다. 지금부터 차근차근 해나가면 된다. 10년, 20년 뒤 당신의 모습은 그렇지 않았을 때와 확실히 다를 것이라고 장담한다.

한 가지 더, 점쟁이들의 예언은 틀렸다. 난 41살에 비혼 생활을 끝냈다. 혼자 살아갈 준비를 열심히 했고, 어느 정도 결실을 본 딱 그 시점에 내 인생 끝까지 함께 걷고 싶은 영혼의 짝을 만나 결혼했다. 역시 결혼 생각이 없었던 그와 나는 느지막이 만나 딩크족 부부가 되었다.

그러면 비혼의 경제적 독립은 쓸데없는 것 아니었냐고? No! 오히려 싱글 시절 열심히 홀로 설 준비를 해놓은 것이 정말 다행이었다. 결혼하니 독립적인 경제생활은 오히려 부부 사이를 견고하게 만들어주는 장치가 돼주었다. 이러나저러나 경제적 독립은 내 인생에 도움이 되었다는 의미다. 그러니 머리 복잡한 계산과 걱정은 내려놓고~ 자, 지금부터 렛츠고!

차례

혼자 잘 살기 위한 준비

2장

피 같은 내 돈 효율적으로!

월급 관리법

3장

내 한 몸 누울 곳!

집 마련하는 법

4장

일하지 않아도 따박따박!

연금 마련하는 법

1장

혼자
잘 살기 위한
준비

비혼 여성이 준비해야 할 핵심 요소

퇴사 그리고 비혼.

지금 우리가 집중하고 있는 최고의 키워드다. 두 단어를 관통하는 것은 한 가지, '어떻게 하면 잘 살 수 있을까'다. 앞의 두 단어는 이 질문에 대한 답이자 선택지다.

물론 '잘 산다'라는 것은 각자의 해석에 따라 다르지만, 지금 이 순간 내 인생을 가치 있게 살고 싶다는 강력한 욕구가 묘하게도 딱 이 두 가지에 꽂히게 한다. 여기엔 분명 이유가 있다. 퇴사는 나답게, 나로서 살기 위해 기계 부속처럼 일하는 직장생활을 거부하는 것이고

(물론 또 다른 많은 이유도 있다), 비혼 역시 같은 맥락에서 나에게 오롯이 집중하는 삶을 살아가기 위한 길이다. 2020년 통계청 사회조사에 따르면 결혼을 꼭 해야 한다고 생각하는 사람은 51.2%로, 10년 전인 2010년 64.7%에 비해 13.5%나 떨어졌다. 국민의 절반 이상이 결혼이 필수적이지 않다고 생각하는 것이다. 그 이유 역시 여성의 경우 '혼자 사는 것이 행복하리라 생각된다'는 것이 가장 주요하다(2020년 9월 인구보건복지협회의 '30대 미혼 남녀의 결혼에 대한 인식 조사' 결과). 어르신들이 보면 참 '극단적'이라고 혀를 끌끌 찰지도 모르고, 결혼하지 않는다고 해서 내 삶이 꽃길만 걸으리란 보장도 없다. 하지만 무엇이 됐든 남들 하는 대로 끌려가는 것보단 낫다.

잘 사는 삶으로 2019년까지 트렌드로 떠올랐던 게 욜로YOLO였다. 욜로란 현재 자신의 행복을 가장 중시하고 소비하는 태도를 말한다. 미래를 준비하기보다는 지금, 이 순간을 즐기기 위해 돈을 쓰는 게 포인트다. 하지만 이제 이 말은 흔적 없이 사라졌다. 코로나 19로 경기가 바닥을 쳤고 집값은 천정부지로 치솟고 있다.

지난해 3월부터 줄어들기 시작한 취업자 수는 9개월간 연속으로 줄어서 2019년 대비 27만3,000명이 감소했다(통계청, 2020년 12월 발표). IMF 외환 위기 직후인 1998년 이후 최장기간이란다.

이런 암울한 사회 분위기 속에선 '지금의 행복'을 위해 돈을 쓰는 것 대신 차곡차곡 자산을 만들고 관리하는 것에 더 집중해야 한다. 무엇보다도 경제적 독립이 필요하다. 적은 돈이나마 내 손에 쥐고 있어야 덜 불안하다. 그러다 보니 사람들은 더 집값이 오르기 전에 발빠르게 영끌(영혼까지 끌어모으는 것) 대출을 받아서 집을 사거나, 가진 돈을 쪼개 주식에 뛰어드는 '주린이(주식+어린이)' 대열에 합류했다. 그런데 비혼의 삶을 계획하고 있다면? 더 꼼꼼하게, 더 치밀하게 내 자산을 관리해서 경제적 독립을 이뤄내야만 한다. 혼자만의 삶을 더 즐겁고 재미있게, 더 가치 있게 살기 위해서는 돈이 꼭 필요하니까.

나는 사회생활 10년 차가 다 돼서야 진정한 경제적 독립을 이루기 시작했다. 그때가 언제냐면 문득 '결혼을 못 할 수 있겠다'는 생각이 든 다음부터다. 그전까지는 하고 싶은 것, 먹고 싶은 것 다 누리고 사느라 사실 모아놓은 돈이 별로 없었고, 미래를 위한 대비는 생각도 못 했다. 대가족에서 자라며 익힌 기질 때문에 식당에서 음식을 주문할 때도 늘 손 크게 넉넉히 시켰고, 내가 돈을 내지 않으면 식당 문을 나서기 30분 전부터 왠지 엉덩이가 따끔따끔했다. 왜 그랬을까 생각해보면, 장녀 콤플렉스도 좀 있었던 것 같다. 아무튼 그러지 않으면 마음이 편치 않았다. '친구, 후배에게 밥 한번 사는 게 뭐 대수냐'라고 합리화하면서.

나의 소비는 주로 옷과 신발, 가방 등 패션 제품이었는데, 이것 또한 패션 전공자에 패션업계 종사자라면 당연히 관심과 소비가 이어져야 한다는 나름의 '합리적 이유'가 있었다. 옷을 워낙 좋아해 패션업계에 뛰어든 만큼 비싼 건 아니더라도 시즌에 맞춰 유행하는 옷과 신발을 샀고, 한 번씩 명품 가방도 사 모았다. 이런 생활로 돈을 어떻게 모았겠느냐마는, 뒤통수를 얻어맞은 것 같은 '경제적 독립'에 대한 자각의 순간이 찾아온 다음부터는 많은 것이 달라졌다.

비혼이 가지는 의미 중 하나는 내가 나를 온전히 책

임지는 삶을 산다는 것이다. 그 사실을 깨달은 다음부터 갑자기 '어떡하지?'란 생각이 머릿속에 맴돌았다. 결혼한다고 해서 배우자에게만 의존하지는 않겠지만, 아무래도 둘이 벌면 서로 의지가 되는 것이 사실이다. 하지만 비혼이라면 이야기가 달라진다. 오롯이 혼자 경제적 부담을 떠안아야 한다. 내가 안 벌면 집세는커녕 당장 밥도 먹기 힘들어지니까. 부모님도 퇴직한 지 오래인 마당에 내가 기댈 곳은 세상 어디에도 없었다.

당시엔 비혼의 삶을 사는 사람이 많지 않았고, 결혼은 학교를 졸업하면 다음 단계의 상급 학교를 가듯이 인생에서 반드시 거쳐야 하는 과정이란 인식이 강했다. 지금 생각하면 이상한 논리지만, 당시엔 그랬다. 어찌됐든 비혼의 삶을 살아야 한다고 생각했더니 불안감이 확 밀려들었다.

그때부터였다. 나는 무서운 기세로 돈을 모으고 관리하고 불리기 시작했다. 사실 나는 그전까지 믿는 구석이 있었다. '국민연금'이다. 당장 돈이 없어도 직장생활을 하면서 국민연금을 따박따박 붓고 있으니 언젠가 내가 일을 안 해도 '내 생활을 책임져주리라' 믿었다. 하지만 간과한 게 있다. 나는 여러 가지 이유로 훨씬 더 일찍 일을 그만두고 쉴 수 있고, 또 국민연금이 나오는 65세까지(당신이 1969년 이후 출생자라고 가정한 나이) 일하리라 장담하지 못한다는 점이다.

이 책을 보는 당신도 오직 국민연금을 붓는 것뿐이라면, 이건 심각한 문제다. 국민연금은 정말 최소한의 장치다. 그것도 노년에 접어들어야 받을 수 있고, 수령액도 생각보다 적다. 우리나라 베이비붐 세대의 국민연금 예상 수령액은 월 50만 원 내외로 생활비를 충당하기엔 턱없이 부족하다. 거기에 더 나쁜 소식은 국민연금의 운용 수익률이 해마다 하락하고 있다는 점이다. 국민연금은 연평균 5% 이상의 수익률을 기준으로 설계됐고, 수익률이 이에 못 미치면 연금 고갈 시기가 훨씬 앞당겨질 수 있다(2016년 수익률은 4.75%로 5%에 못 미쳤다). 지금 상황대로 계속 간다면 국민연금 고갈 시기는 2054년이라는 불안한 전망이 있다. 2017년만 해도 국민연금 고갈 시기를 2060년으로 봤는데, 2021년인 지금은 그보다 6년이 훌쩍 앞당겨졌다. 지금의 30~40대가 노인이 되는 시기에는 50만 원도 받지 못할 가능성이 있다는 얘기다. 상황이 이렇다 보니 국민연금 외에도 생활비를 해결할 수 있을 수입원을 준비해놓아야 한다.

지금은 이렇게 말하지만, 나 역시 막막했다. 그래서 전문가들을 찾아 강연을 듣고 책을 읽기 시작했다. 결론을 말하자면, 자산 관리와 은퇴 준비를 위한 수많은 책과 강연에서 강조하는 핵심은 ◇경제력 ◇주거 ◇건강이다. 이것저것 생각할 필요 없이 이 세 가지만 챙겨놓으면 비혼이 할 수 있는 준비는 다 했다고 봐도 된다.

〔 1. 경제력 〕

비혼 여성이 가장 먼저 준비해야 하는 것이 바로 경제적 독립이다. 그러기 위해서는 경제력을 갖춰야 하는데, 현실적으로 갑자기 많은 돈을 벌긴 힘들다. 주식 등 투자를 꾸준히 하는 것은 정말 추천하고 싶은 방법이지만, 그렇다고 한 달에 몇백만 원의 큰 수익을 기대하긴 힘들다. 결국 집중해야 하는 건 우리의 소중한 '월급'이다. 그렇다면 과연 어떻게 해야 할까?

가장 먼저 해야 할 것은 내 수입 관리다. 한 달에 들어오는 수입과 지출의 흐름을 잘 관리하는 '자금 관리'는 월급쟁이에겐 특히 중요하다. 돈이 통장에 들어왔다 흔적도 없이 나간다면, 나는 크게 쓰는 돈이 없는데 통장에 남는 돈이 없다면, 이건 큰 문제다. 수입은 빤한데 지출이 많다면 나의 라이프스타일을 바꿔야 할 필요가 있다는 걸 알 수 있다. 아니 알아야 한다.

은퇴 후의 삶까지는 멀게 느껴지더라도, 퇴사를 고민하고 있다면 은퇴 전문가들의 이야기가 도움이 된다. 은퇴 설계 전문가 김형래 씨는 《30년 후가 기대되는 삶》에서 은퇴 전과 후의 생활수준을 50:50으로 맞추라고 조언했다. 지금 누릴 수 있는 것을 100% 누리다가 은퇴 후 0에 가깝게 추락하지 말고, 젊을 때 욕망을 억제해 50%만 누리고 노후에 50%를 누리라는 이야기다. 생활수준과 소비는 한번 높이면 다시 낮추기가 힘들기 때문이다.

다시 말하지만 소중한 월급을 잘 관리만 해도 자산은 불어난다. 월급이 아무리 적은 규모라도 잘게 쪼개고 다독이고 관리하는 사람은 얼마 안 가 목돈을 손에 쥔다. 커피 한 잔 값을 아껴서 30년간 모으면 1억 원이 된다는 조언도 있다. 물론 30년간 복리로 수익이 꾸준히 나는 적립식 펀드에 넣었을 경우지만, 우리처럼 자금 여력이 부족한 사람이라면 소액으로 장기간 투자하는 것을 원칙으로 삼아야 한다. 내가 자금을 관리한 방법은 다음 장에 상세하게 썼다. 부디 흘려버리지 말고 꼭 챙겨보기를.

자산을 관리할 때 선행했으면 하는 것이 목표 설정이다. 목표 없이 달리기만 해서는 지치기만 할 뿐이다. 내가 어디까지 뛰어가야 하는지 목표점이 있으면 동력도 생기고 마음도 편하다. 자산 관리 역시 마찬가지인데, 무리 없이 생활하려면 과연 돈이 얼마나 필요할까를 따져보고 지표로 삼으면 된다.

가장 쉬운 지표는 최소한의 생계유지를 위한 최저생활비다. 2020년 대법원이 정한 최저생계비는 105만 4,316원이다. 개인회생 절차에서 적용되는 기준이긴 하지만, 어쨌든 참고할 만한 수치다. 2020년 12월 말 국민연금공단 국민연금연구원이 발표한 '국민노후보장패널'

8차 조사 결과에 따르면, 50대 이상의 사람들이 생각하는 적정 노후 생활비는 1인 164만5,000원이다. 5년 전인 2015년 조사 때는 1인 기준 145만3,000원이었는데, 당시보다 약 19만 원이나 늘었다. 앞으로 계속 늘어날 것이라 쉽게 예상할 수 있다.

이 숫자들이 의미하는 것은 혼자 살기 위해서는 적어도 한 달에 이 정도의 돈이 필요하다는 것. 지금은 105만 원, 노년엔 164만 원은 있어야 생활이 가능하다는 최소한의 기준이 생긴다. 여기에 자신이 하고 싶거나 해야 하는 활동을 정리해보고 이에 들어가는 돈을 더해가는 식으로 잡아보면, 한 달에 필요한 자금 규모를 산출해낼 수 있다. 한 달에 내게 필요한 자금 규모를 완성해나가는 기술과 노력이 필요하다.

〔 2. 주거 〕

비혼 여성의 경제 전략에서 중요한 두 번째는 바로 집이다.

우리나라 사람은 유독 '내 집'에 집착한다. 직장생활을 시작하면서부터 시작된 '집 사기 프로젝트'는 다이어트보다도 더 어려운, 평생 짊어지고 가야 할 인생의 과제가 됐다. 남녀를 불문하고 비혼자에겐 집이 더 중요해졌다. 집이 있으면 일단 인생의 큰 과제를 해결한 것이고, 또 집에서 보내는 시간이 점점 늘어나면서 자신의 취향에 맞게 예쁘게 꾸며놓고 살고자 하는 욕구가 강해졌기 때문이다. 집에서 지내는 시간이 바로 힐링하는 시간이기 때문에 인테리어에도 관심이 높아졌다. '오늘의집' 같은 인테리어 플랫폼의 월 거래액은 천억 원대에 달하고, 이케아 주차장은 차 댈 곳이 없을 정도로 연일 사람들이 붐빈다. '적은 돈으로 집 잘 꾸미기'를 소개하는 인플루언서는 스타가 됐다.

이렇게 집이 중요하지만, 비혼 여성이라면 가장 먼저 '내 집 마련'에서부터 막힌다. 연봉이 1억 원대에 가까운 특수 전문직 종사자라면 예외일 수 있지만, 대개는 집 얘기가 나오면 한숨부터 쉬게 된다. 이유는 하나, 지금의 내 수입으로는 집을 살 수 없기 때문이다. 기분 안 좋은 이야기이지만, 여전히 여성의 평균 임금 수준은 남자보다 낮다.

그런데도 가까운 과거에는 집을 살 수 있는 길이 열려 있었다. 대단위 주택단지 개발과 아파트 재개발 등이 곳곳에서 이뤄졌고, 아파트를 분양받으면 산 가격 대비 몇 배를 남기고 되팔 수 있었다. 하지만 지금은 아파트 청약에 당첨되기가 하늘의 별 따기보다도 어렵고 운 좋게 분양을 받는다고 해도 입주비를 감당할 수가 없다. 비싸도 너무 비싸다. 대출은 필수라고 하지만, 집을 팔았을 때 시세차액이 있어야 의미가 있지 집값은 오르지 않고 이자만 매달 몇십만 원씩 낸다면 등골 빠진다.

얼마 전 당첨만 되면 '5억 로또'라는 수색의 한 아파트 청약이 이슈가 됐다. 일반 청약이 다 끝난 뒤 미당첨분으로 나온 딱 1채의 아파트를 무순위, 무자격으로 추가 청약을 받았는데, 여기에 몰린 사람만 30만 명이었다. 물론 나도 그중 하나였다. 현재 나는 1주택자이지만, 19세 이상의 성인이라면 주택소유자라도 넣을 수 있는 자격이 되기 때문에 청약을 넣지 않을 이유가 없었다. 주변 시세가 이미 분양가보다 5억 이상 비싸기 때문에 당첨되기만 하면 바로 5억의 수익을 보장받는 구조였다. 사람들이 몰리는 게 당연했다. 결론을 말하면 이 아파트를 분양받은 행운의 주인공은 29세 미혼 여성이었는데, 아쉽게도 그녀는 계약금 1억을 마련하지 못해 자신의 행운을 예비 당첨자에게 넘기고 말았다. 집에 관한 이야기이지만 결국 앞서 말한 경제력과 연결된다. 1억이라는 목돈이 없어 집을 사지 못했고, 결국 집을 팔았을 때 손에 들어왔을 5억도 날린 셈이 됐다. 당사자는 아마도 그날 밤잠을 설쳤으리라.

그렇다면 전세는 어떤가. 전세가 역시 천정부지로 올라 매매가와 거의 차이가 없다. 대한민국엔 집이 많다. 주택 보급률이 100%를 넘어선 지 오래다. 주택 보급률 100%란 말 그대로 대한민국 세대수보다 집이 더 많다는 얘기다. 그런데 왜 나는, 그리고 내 주위엔 '내 집'을 가진 사람이 이토록 드문 걸까?

전세가는 1990년부터 2014년까지 연평균 12.1%의 증가세를 보이며 놀라운 속도로 올랐다. 이후 갭투자를 노린 부동산 투자자들 문제가 드러나면서 전세 인기가 줄어드는가 싶었는데 2020년 정부의 부동산 규제로 다시 전세 대란이 일어나고 있다. 다주택자에 대한 규제가 강화되면서 내 집에 내가 들어가서 사는 집주인들이 늘어났고, 이로 인해 전세 물량이 확 줄어들었기 때문이다. 2019년 7월부터 시작해 서울의 전셋값은 78주째 상승 중이다.

5년 전인 2016년 기준 서울 시내 아파트의 평균 전세가는 3.3㎡당 1,200만 원 수준이었다. 24평 아파트에 들어간다 치면 3억 원은 있어야 했다. 2020년 말을 기준으로 하면 1㎡당 549만 원, 3.3㎡로 보면 1,812만 원에 달한다. 24평형 아파트로 치면 4억 3,488만 원이 있어야 한다. 5년 만에 1억 3,000만 원 이상 올랐다. 이것도 강남, 마포, 용산, 성동구 등 인기 지역을 제외한 지역에서나 가능한 금액이다.

그런데 올해는 더 절망적이다. 주택산업연구원이 2020년 12월 말 내놓은 '2021년 주택시장 전망 보고서'에 따르면, 2021년에는 서울 수도권의 전셋값이 지금보다 3.1% 상승할 것이라고 한다. 평범한 직장인 월급만으로는 30~40대까지는 전세 살기도 힘들단 이야기다. 전세가 힘든 사람이 선택할 수 있는 월세는 20평 내외의 아파트, 오피스텔을 기준으로 보증금 1억 원에 월세가 100만 원을 넘는다. 직장인이 월세만으로 매달 100만 원을 지출한다면 따로 저축할 여윳돈이 없어지고, 집을 사기 위한 목돈을 만들 수 없다. 결국 영영 내 집을 마련하지 못한다는 의미다.

그렇다면 어떻게 해야 할까? 인기가 높은 아파트를 과감하게 버리고 빌라로 첫 집을 시작하는 것도 나쁘지 않은 방법이다. 번역 일을 하는 30대 후반의 C 씨는 30대 초반에 해방촌의 조그만 방 2개짜리 빌라를 1억이 안 되는 돈으로 샀다. 친구들이 오피스텔을 월세 내서 작업실로 꾸미고 살 때 그녀는 모아놓은 돈에 대출 2,000만 원을 추가하여 과감하게 집을 샀다. 당시 주변 친구들은 왜 하필 해방촌 구석에, 그것도 지저분한 빌라를 사느냐고 걱정했지만, 그녀의 생각은 확고했다. 투자 목적이 아니고 자신이 살 곳이기에 괜찮다는 것이었다.

그녀는 3,000만 원을 들여 인테리어를 싹 뜯어고쳤다. 1억짜리 집에 3,000만 원 수리비라니, 과하다는 걱정의 소리가 여기저기서 쏟아져 나왔다. 하지만 그녀는 흔들리지 않았다. 노후한 수도 배관과 보일러를 고치고, 바닥과 천장을 깔끔하게 정리한 후, 집 안을 올 화이트로 꾸몄다. 부엌과 거실 공간이 최대한 넓어 보이게 가구를 치우고, 붙박이로 아일랜드 테이블을 놔 식탁 겸 책상으로 쓸 수 있도록 디자인했다. 가구는 침대와 의자만 들이고, 책장은 인테리어 공사를 하면서 나무판으로 맞춰 넣었다. 그렇게 하니 엄청난 양의 책이 깔끔하게 정리됐다.

이렇게 해서 그녀가 집에 들인 돈이 1억 3,000만 원. 그녀의 집은 모든 친구의 부러움을 샀다. 8년이 지난 지금, 그녀의 집은 더 부러움의 대상이 됐다. 이태원과 해방촌이 뜨면서 집값이 천정부지로 솟았기 때문이다. 지금 그녀의 빌라 매매가는 5억에 달한다. 친구들은 그녀의 용기에 감탄하며, '나도 그때 그렇게 할걸' 하고 후회했다.

안타깝게도, 지금은 C 씨가 집을 샀던 당시와는 상황이 많이 다르다. 집값이 이미 오를 대로 오른 마당에 '집값이 오를 가능성이 있는 싼 집'을 찾는 건 불가능에 가깝다.

이런 상황에서 집을 투자의 개념으로만 접근하면 낭패를 보기 쉽다. 집의 근본적인 역할, 즉 내가 사는 공간이라는 개념으로 볼 필요가 있다. 비혼의 삶에서는 생활비로 사용할 현금 자산을 확보하는 것도 중요하지만 내가 마음 놓고 살 집의 존재가 정말 중요하다. 내 집이 있느냐 없느냐는 삶의 질에 큰 영향을 준다. 처음부터 좋은 집을 목표로 하진 못하더라도 차근차근 내 공간을 마련해간다면 안 될 것도 없다. 공간을 마련하는 다양한 방법은 뒤에서 자세히 설명하겠다.

〔 3. 건강 〕

마지막은 건강이다. 건강을 잃으면 다른 어떤 것도 의미가 없다. 매년 꼬박꼬박 건강검진을 챙기는 건 필수고, 건강에 문제가 생겼을 때 해결할 수 있는 돈과 대비책에 중점을 둬야 한다. 특히 비혼 여성은 몸이 아플 때 나를 대신해서 돈을 벌거나 지원해줄 수 있는 사람이 없다. 운 좋게 부유한 부모를 두었다 하더라도 나이

드신 부모께 한없이 기댈 순 없다. 병간호해줄 사람이 없다는 것은 더 큰 문제다.

비혼 여성은 양육비, 교육비 등의 고정지출비가 크지 않기 때문에 경제적으로 한숨 돌릴 여유가 있다. 버는 돈이 적어도 스스로 소비 수준을 조절할 수만 있다면 생활비에 큰 무리가 따르진 않는다. 만약 병원비로 큰돈이 필요하다 하더라도 일단 쓰고 나중에 벌어서 채우면 된다는 생각에 부담이 덜하다. 그렇다 보니 '노후대비 불감증'이라는 함정에 빠지기 쉽다. 당장 건강에 큰 문제가 없다 보니 나이가 들었을 때 생길 수 있는 건강 문제에 대비해야 한다고 생각하지 못하는 것이다.

하지만 건강 상태는 누구도 장담할 수 없다. 특히 퇴직 후 돈을 벌 기회가 없어지면 덩치가 큰 의료비를 마련하는 게 정말 힘들어진다. 건강 문제가 생겼을 때를 고려해 대비책을 만들어놓지 않으면, 치료비로 가진 돈을 다 까먹어 노년이 오기도 전에 자칫 빈곤층으로 전락할 위험이 있다.

비혼 여성이 가장 쉽게 준비할 수 있는 방법은 보험이다. 갑상샘암, 유방암, 자궁암 등 위중한 여성 질환을 대비한 보험은 필수다. 사실 보험료는 생활하다 보면 가장 아깝게 생각되는 돈이다. 매달 몇십만 원이 꼬박꼬박 나가는데 당장 혜택을 보는 건 없으니 말이다. 하지만 보험이야말로 가장 적은 돈으로 쉽게 의료비를 마련할 수 있는 길이다. 그러니 이 돈을 아까워하지 말자.

2 장

피 같은 내 돈 효율적으로!

월급 관리법

내 통장 관리하기

〔 1. 가장 먼저 해야 할 것은 내 통장 까보기 〕

어떤 문제든지 내가 통제할 수 있으면 불안하지 않다. 돈도 마찬가지다. 내가 얼마를 벌며 얼마를 쓰는지를 알고 잘 운용하면 앞으로 어떻게 해야 하는지, 지금은 어떻게 맞춰야 하는지가 나온다. 그렇게 하면 (내 자금 사정이 달라진 것도 아닌데) 마음속 불안이 사라진다.

풍족한 노후를 위한 돈 관리의 첫걸음은 '내 통장 까보기'다.

통장 까보기가 뭐냐고? 간단하다. 통장에 찍힌 수입·지출 내역을 보며 정리하는 것이다. 내 총 수입과 지출이 얼마이고 어디에 쓰고 있는지, 현재 나의 자금 운용 현황을 알아보는 과정이다.

미리 말하자면 나는 경영이나 재무, 회계와 관련된 공부를 제대로 한 적이 없다. 혼자서 책을 보며 조금씩 배웠을 뿐이고 그 정도는 누구나 할 수 있는 수준이다. 이 말을 하는 이유는 내 통장을 까보고 돈을 관리하는 데 꼭 전문지식이 있어야 하는 건 아니라는 걸 강조하고 싶어서다.

월급쟁이라면 매달 말에 공통적으로 느끼는 게 있다. 이상하게 월급이 통장을 스쳐 지나간다는 것. 비혼을 선언한 친구 A와 만나 한 달 생활비를 얼마나 쓰는지에 관해 이야기를 나눈 적이 있다.

"글쎄, 매달 쓰는 액수가 달라서……. 분명한 건 남는 게 없다는 거야. 그건 곧 월급을 다 쓴다는 거겠지? 근데 정말 이상해. 특별히 크게 쓰는 곳도 없거든."

이게 바로 우리의 현실이다. 매달 들어오는 돈이 얼마인지는 확실하다. 월급, 그것밖에 없으니 말이다. 하지만 나가는 돈은 잘 모른다. 매달 고정적으로 나가는 돈이 얼마인지조차 모르는 경우가 허다하다. 이건 정말 문제다. 내가 지금 어디다 돈을 쓰고 있는지, 얼마나 쓰고 있는지를 모른다는 것 아닌가. 내가 쓸 수 있는 범위를 넘어서서 욕구만 따르다가는 결국 빚을 지게 되는 일도 생길 수 있다. 이런 사람이야말로 '돈이 줄줄 새는 지갑'을 가지고 있는 것과 다름없다.

돈 관리는 수입과 지출을 정리하는 것부터 시작된다. 수입과 지출의 균형을 맞추는 것이 돈 관리의 기본이고, 그다음에 투자를 생각하면 된다.

앞의 사례에서 A의 '특별히 크게 쓰는 곳도 없는데 남는 게 없다'는 이야기는 특히 더 위험하다. 이 말은 곧 '내가 버는 한도 내에서 얼마를 써야 하는지 파악하지 못하고 있다'는 것이기 때문이다. 월급을 100만 원 받든 300만 원 받든 지출이 수입의 한도 내에서 이루어져야 한다는 건 상식이다. 더 쓰고 싶다면 더 벌어야 하고, 그게 안 된다면 소비를 줄여야 한다. 적어도 지출이 수입을 넘어서는 안 된다.

가장 간단하고 쉽게 돈을 관리하는 방법으로 내가

선택한 기본 항목은 다음의 네 가지다.

- **수입**
- **지출**
- **투자**
- **저축**

내 통장으로 들어오고 나가는 현금을 네 가지 항목으로 나눠 분류해 정리한다. 그리고 그중에 어떤 걸 뺄지, 어떤 걸 추가할지를 정하는 게 돈 관리에서 첫 번째로 해야 할 일이다.

예를 들어 월 급여가 200만 원이라면 다음과 같이 정리할 수 있다.

① 수입

(단위: 만 원)

항목	내용	금액	합계
수입	급여	200	200

② 지출

지출은 고정지출과 변동지출로 나눈다.

• **고정지출** (단위: 만 원)

항목	내용	금액	합계
보험	암보험 등	15	60
생활비	관리비	15	
	가스·전기	10	
	통신비	10	
	잡비	10	

• **변동지출** (단위: 만 원)

항목	내용	금액	합계
교통비	택시/지하철	15	55
식비	장보기	15	
	외식/배달음식	25	

③ 투자와 저축

(단위: 만 원)

항목	내용	금액	합계
투자·저축	직장인소득공제연금	33.4	85
	변액연금	20	
	적금	21.6	
	주택청약	10	

※ 1~3년까지 단기는 저축으로 분류하고, 장기로 부어야 하는 펀드와 연금은 투자로 분류한다.

이렇게 통장을 분해해보면 수입과 지출, 투자, 잉여 자금이 정확하게 분류된다. 한 달에 얼마까지 돈을 더 써도 되는지, 목돈을 만들려면 한 달에 얼마를 아껴야 하는지가 정리된다. 지출항목은 더 세분해서 패션, 외식, 장보기, 헤어, 운동 등으로 나눈 후 하나로 모으면 더 쉽게 정리할 수 있다.

〔 2. 월급쟁이의 돈 관리 원칙 〕

내 통장을 까보니 더 암울하다고? 걱정하지 말자. '그동안 왜 이렇게 허투로 돈을 썼을까?' 하고 죄책감이 밀려드는 건 올바른 노후 준비의 첫걸음을 제대로 내디뎠다는 증거다.

나 역시 싱글이어서 불안한 게 바로 이런 점이었다. 홀로 벌이는 아무래도 움직일 수 있는 자산 규모가 작다. 한때 '둘이었다면'이란 생각에 사로잡힌 적이 있었다. '배우자가 최소 나만큼만 번다면 집 마련도 빠르고 저축도 많이 할 수 있을 텐데'라는 생각에서다. 그래서 결혼하지 못하고 싱글로 사는 내 인생을 한탄하기도 했다.

하지만 실망하긴 이르다. 기혼자에 비해 싱글이 가지는 강점도 있으니까. 바로 교육비, 양육비 부담이 없다는 것이다. 2012년 보건복지부 자료에 따르면 자녀 1명을 키우는 데 드는 총 양육비가 3억 896만 원이라고 한다. 싱글은 이런 고정비 지출이 적기 때문에 마음만 먹으면 소비 규모를 한없이 줄일 수 있다.

월급쟁이의 돈 관리 원칙은 아주 단순하다. 기억해야 할 것은 딱 세 가지다.

- **첫째, 지출을 통제한다.**
- **둘째, 큰돈이 들어갈 일에 대비한다.**
- **셋째, 장기간 투자한다.**

지출을 통제한다

지출을 통제한다는 것은 반드시 써야 하는 소비까지 억제해야 한다는 게 아니다. 쓰지 않아도 되는 것은 참는다는, 즉 낭비를 없앤다는 의미다. 돈을 아끼기 위해서 지금 누려야 할 문화적 혜택이나 욕구까지 억제해야 한다는 생각에는 반대한다. 지나치게 억눌린 욕망은 언젠가 어떤 방법으로든 터지기 때문이다. 전문가들은 이 지출 통제를 '매월 일정한 돈으로 살아가는 습관을 들이는 것'이라고 말하기도 한다. 다시 말해 내 수입에 맞는 소비 수준을 몸에 배게 하는 것이다.

큰돈이 들어갈 일에 대비한다

이 원칙은 노후 준비에도 해당한다. 예상치 못한 일로 많은 돈을 써야 할 경우가 생길 것에 대비해 비상금을 만들어놓는 것이다. 전문가들은 이를 예비비, 예비자금이라고 부른다. 살다 보면 집안의 대소사나 실직, 이직 같은 문제가 발생할 수 있다. 또는 1, 2년에 한 번씩 해외여행을 가거나 차를 바꾸는 것 같은 큰 지출이 생길 수 있다.

내 경우엔 비상금과 함께 보험을 들어놓는 것으로 이 두 번째 원칙을 해결했다. 비상금으로 월 지출의 3배수를 만들어놓았고, 건강상의 문제나 자동차 사고 같은 문제에 대비하기 위한 보험을 들어놨다.

장기간 투자한다

우리 같은 월급쟁이들에게 가장 기본적인 투자 원칙이 바로 장기간 투자하는 것이다. 매월 들어오는 돈이 뻔하고 이 돈의 대부분이 바로 나가버린다. 너무도 규칙적으로, 너무도 어김없이. 그러니 한번에 목돈이 들어오는 사람들과는 투자 패턴 자체가 달라야 한다. 재무 전문가들은 투자의 왕도는 '복리투자'라고 한다. 복리투자란 원금만이 아니라 이자에도 이자가 붙는 방식이다.

예를 들어 연복리 1%여서 원금 100만 원에 1년 후 이자 1만 원이 붙었다면, 다음 해 원금이 101만 원이 되어 그해 이자는 1만 100원이고 원리금이 102만 100원이 된다. 만약 복리가 아니라 단리였다면, 두 번째 해의 이자는 그대로 1만 원이어서 원리금이 102만 원에 그쳤을 것이다. 이 예시에서는 이율이 낮고 기간이 짧아서 큰 차이가 드러나지 않지만, 이율이 더 높고 기간도 10년 이상 장기라면 엄청난 차이가 난다. 오죽하면 아인슈타인이 '복리야말로 인간이 만들어낸 가장 위대한 발명품'이라고 했겠는가. 한때 붐이 일었던 펀드가 가장 대표적인 복리투자법이다.

〔 3. 지금 당장 통장을 쪼개라 〕

지금 통장을 하나로 쓰고 있다면 당장 4개로 쪼개자. 이건 나 혼자만의 생각이 아니다. 재테크 전문가라면 모두가 아는 상식과도 같은 돈 관리법이다.

대부분의 사람은 급여통장 하나에서 모든 지출과 투자를 실행한다. 이렇게 하면 가계부를 쓰거나 정기적으로 계산을 하지 않는 이상 매달 얼마의 돈이 빠져나가고 얼마나 저축하는지 파악하기가 어렵다. 내가 쓸 수 있는 돈의 규모를 넘어 소비하게 되는 마이너스 달이 이어지기 십상이다. 재테크, 재무 전문가들의 돈 관리 노하우를 종합해봤을 때 돈 관리는 수입, 지출, 투자로 나누면 된다. 여기에 예비비용을 추가하면 지금의 돈 관리는 완벽하게 끝난다.

이 원칙에 따라 통장은 다음과 같이 네 종류로 쪼개면 된다.

① **급여통장:** 급여를 수령하는 통장이다.

② **소비통장:** 고정지출과 변동지출이 발생하는 통장이다.

③ **예비통장:** 비상금을 만들어놓는 통장이다. 월 지출액 3배의 금액을 모아놓은 통장을 말하며, 매월 적금식으로 조금씩 모아놓고 비상시에 사용한다.

④ **투자통장:** 보험이나 적금, 펀드로 들어갈 돈을 급여통장에서 이곳으로 넣는다.

급여통장

급여통장은 말 그대로 급여를 받는 통장이다. 월급 외에 부수적으로 들어오는 상여금이나 복리후생비도 다 이 통장으로 받는다. 급여를 받는 직장인이 아니라면 모든 수입을 하나로 모으는 통장이면 된다.

소비통장

소비통장은 고정지출비와 변동지출비가 나가는 통장이다. 급여통장에서 매달 반드시 빠져나가야 할 지출 금액만큼만 계산해 옮겨놓는다.

예비통장

예비통장은 비상시에 사용해야 할 예비비, 즉 비상금을 만들어놓는 통장이다. 예기치 못한 상황에 대비해 갑자기 늘어난 변동지출을 처리해줄 수 있는 자금이다. 전문가들은 월 소득의 3배 또는 월 고정지출의 5배를 모아놓으라고 하는데, 비상시를 생각해 월 고정지출의 3배를 목표로 잡는 게 현실적이다. 불의의 사고나 문제로 회사를 그만두게 되더라도 다음 직장을 잡을 때까지 무리 없이 생활할 수 있도록 생활비를 모아놓는다고 생각해도 좋다. 매월 고정적으로 100만 원을 쓴다면 300만 원을 모아놓고 평소에는 잊고 지내면 된다.

투자통장

투자통장은 월 소득에서 '지출+예비비'를 빼고 남은 돈을 모조리 옮겨놓는 통장이다. 그달 지출 양에 따라 금액이 달라지겠지만, 매달 10만 원이라도 모은다고 생각하고 투자통장에 돈을 이동시켜놓는다. 어느 정도 모이면 주식이나 펀드, 부동산 구입에 필요한 목돈 마련용으로 사용한다.

돈 관리는 하나의 시스템처럼 만들어놓아야 오래 지속할 수 있다. 이 시스템의 원리는 생각보다 단순해서 한 번만 익혀놓으면 쉽고 효율적으로 돈 관리를 할 수 있다.

흐름은 매월 입금되는 월급에서부터 시작한다. 만약 매월 20일에 급여가 입금된다면 고정지출과 변동지출액만큼을 소비통장으로 옮겨놓는다. 이 중 고정지출은 월말이나 다음 달 5일까지 자동납부 되도록 해놓으면 편하다. 그 후 남은 돈 중 예비비로 모을 일정 금액을 예비통장으로 보내고 나머지 돈을 전부 투자통장으로 이체하면 끝이다.

이렇게 하면 매월 얼마의 돈을 벌어서 얼마를 지출하고 얼마를 모았는지를 쉽게 파악할 수 있다. 급여에서 소비를 뺀 후 모든 돈을 투자통장에 넣었다가 거기서 예비비를 빼라고 권하는 전문가들도 있지만, 우리같이 적은 월급을 받는 사람들은 그보다는 예비비 또한 매월 조금씩 모으는 게 더 쉽다. 그러니 예비비를 하나의 지출로 보고 소비통장에 변동·고정지출을 이체할 때 함께 이체하는 것이 좋다.

월급의 흐름

매월 받는 내 생명줄 같은 월급.
월급은 효율적인 돈 관리를 위해 이렇게 통장을 옮겨간다.

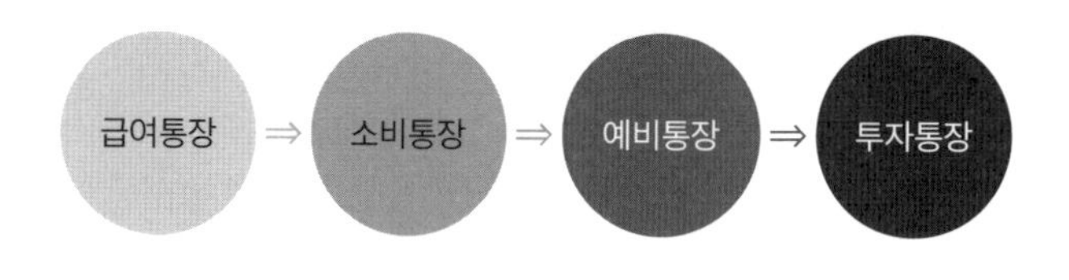

〔 4. 고정지출과 변동지출로 나눠라 〕

업무가 많다는 핑계로 가계부를 따로 쓰지 않는 나는 신용카드를 가계부 대신으로 활용했다. 신용카드로 아파트관리비, 세금, 교통비 등 고정지출 부분까지도 모두 결제되게 해서 신용카드 명세서만 보면 지난달에 내가 돈을 어디에 썼는지 한눈에 볼 수 있게 한다는 취지였다.

그런데 이 방법을 쓰니 매달 반드시 써야 하는 고정지출과 유동적으로 줄이거나 전환할 수 있는 변동지출이 구분되지 않았다. 매달 지갑은 빠듯하고, 월말만 되면 '이번 달에 어디다 이렇게 돈을 많이 썼나' 하는 생각이 들었다. 그래서 쓸데없이 사용한 곳은 없는지 확인하기 위해 카드 명세서를 일일이 따져보느라 시간이 더 걸렸다.

이런 문제를 해결하기 위해 고정지출과 변동지출이 나가는 카드를 따로 분리해서 사용하기 시작했다. 집을 살 때 받은 대출금의 이율을 할인받기 위해 매월 30만 원 이상씩 써야 하는 신용카드가 있었기 때문에 신용카드를 없앨 생각은 하지 않았다.

하지만 신용카드의 함정은 한없이 쓰게 된다는 점이다. 영리하게 한도 설정을 해놓는 사람도 있지만 한도액을 생각지 않고 쓰다 보면 계산하러 갔다가 "카드 한도 초과인데요"라는 말을 듣게 되기 십상이다.

이런 문제를 방지하기 위해 체크카드에 그달에 사용할 금액을 미리 넣어놓고 사용하는 방법이 있다. 그러나 체크카드도 단점은 있다. 꼭 사야 할 물건이 있는데 통장 잔액이 없는 경우다.

이 두 가지 장단점을 보완하는 방법으로 나는 신용

카드와 체크카드를 함께 쓰는 방법을 택했다. 고정비용은 신용카드로 결제하고, 변동비용은 체크카드를 쓰는 방법이다. 연말정산에도 도움이 되리라 생각해서 고안한 방법이었는데 절약 효과도 의외로 컸다.

고정비용은 신용카드로 결제되게 해 포인트를 쌓거나 대출이자를 할인받거나 신용등급을 높이는 데 도움이 되도록 한다. 변동비용은 매월 말일에 다음 달 사용액을 정해 통장에 넣어놓고 사용한다. 통장 입출금에 알림 문자가 오도록 휴대전화 문자 서비스를 설정해놓으면 체크카드를 쓸 때마다 통장 잔액을 확인할 수 있어 편리하게 관리할 수 있다.

〔 5. 예비자금을 마련해라 〕

예비자금은 비혼의 삶을 불안하지 않게 해주는 일종의 보험 장치다. 집을 사기 위해, 차를 바꾸기 위해, 결혼하기 위해 등 수많은 이유로 목돈을 마련하지만 정작 비상시에 사용해야 할 예비자금의 중요성을 알고 있는 비혼 여성은 드물다. 혼자 생활하다 보니 갑자기 목돈을 사용해야 할 비상 상황이 잘 생기지 않기 때문이다. 아이가 아프다든가, 시댁이나 친정에 돈을 보내야 한다든가, 남편 직장에 따라 이사를 해야 한다든가 등 결혼 생활에서는 허다하게 일어나는 비상사태가 일어나지 않으니 둔감할 수밖에 없다.

하지만 누구에게나 비상 상황은 일어난다. 가장 큰 비상 상황은 실직이나 이직 등에 따른 휴직기간이다. 실직기간을 최장 3개월로 보고 그 기간을 버틸 수 있을 예비자금을 만들어놓아야 한다. 그렇지 못하면 이미 들어놓은 적금이나 투자해놓은 주식을 팔아야 하고, 더 나쁘게는 대출을 받아야 할 수도 있다.

그래서 전문가들은 비상금의 적정 수준으로 자기 월 고정지출의 3배를 준비하라고 한다. 물론 이건 최소 수준이며, 앞서 말했듯이 월 고정지출의 5배를 준비하라는 재무 전문가도 있다. 이 돈은 일정 기간 찾을 수 없는 거치식 통장에 넣어두어선 안 된다. 비상시에 언제든 꺼내 쓸 수 있도록 이율이 낮더라도 입출금이 자유롭고 하루 단위로 이자를 주는 자산관리계좌CMA나 머니마

켓펀드MMF에 예치하는 것이 좋다.

비혼 여성의 예비자금은 '자아실현 자금'이라고 바꿔 말해도 된다. 목돈을 만들되 집이나 부동산 매매처럼 투자성이 아니고 순수하게 소비하기 위해 만들어도 된다. 1, 2년에 한 번씩 가는 해외여행이라든지 자동차 교체 같은 것 말이다.

그렇다고 예비비를 모았다가 여행비로 한 번에 다 쓰고 0원으로 만들어버리면 안 된다. 이 비상금은 돌발 상황이 발생했을 때 사용할 약이라고 생각해야 한다. 사용한 약을 채워놓아야 아플 때 다시 사용할 수 있는 것처럼 비상 상황이 지나가면 원금을 다시 회복해두어야 한다.

만약 예비비와 함께 여행자금을 만든다면 '월 고정 지출의 3배+여행비'를 고려해 예산을 세우고 돈을 모을 기간과 총액을 정해야 한다. 또, 비상금을 빼 썼다면 다음 달 생활비를 줄여서라도 쓴 만큼 반드시 채워 넣어야 한다.

〔 6. 목표와 목적이 필요하다 〕

통장을 쪼갰다면, 이제 생각해야 하는 문제는 '얼마를 모을 것인가' 하는 목표 설정이다. 목표는 목적과 함께 설정해야 달성하기가 쉬운데, 목적은 '이 돈을 모아서 무엇을 할 것인가'를 생각해서 잡으면 된다. '나는 45세 이후에 퇴사하고 내 일을 하겠다'라든지, '40대 초반에는 내 집을 반드시 사겠다'는 식이면 된다. 이렇게 목적을 정하고 난 뒤에 목적을 이루기 위해 얼마를 어떻게 모아야 할 것인지를 목표로 삼으면 된다.

만약 일을 하지 않아도 무리 없이 생활할 수 있었으면 좋겠다는 목적을 가졌다면, 이때 쉽게 지표로 삼을 수 있는 게 노후 대비 자금이다. 노후라는 게 너무도 먼 이야기 같아서 '갑자기 웬 노후준비?'라고 할 수 있지만, 사실 그렇지 않다. 노후란 내가 일을 하지 않고 지내는 시기라는 측면에서 퇴사 후 일 없이 지내는 시기와 같은 상태로 볼 수 있다. 곧 노후에 필요한 돈을 계산하다보면, 수입 없이 지내는 젊은 시절에 필요한 돈도 역산할 수 있어서 이를 지표로 잡으면 목표 설정이 쉽다.

잠시 타임슬립을 해서 미래로 가보자. 과연 내 노후 생활에는 얼마의 돈이 필요할까? 재무·보험 전문가들은 풍족한 노후를 위해서는 자산을 최소 10억은 모아놓아야 한다고 말한다. 10억이라니 너무 현실성 없는 이야기다. 지금 통장에 몇백만 원, 적금까지 다 해봐야 몇천만 원이 될까 말까 한 월급쟁이들에게 10억은 상상 속에서나 가능한 숫자다. 그보다는 노후에 매월 필요한 돈이 얼마나 될지를 먼저 따져보고 이를 마련할 방법을 모색하는 게 더 현실적이다.

노인 대국인 일본은 노후 경제를 체계적으로 구축한 대표적인 나라다. 고령 인구 대다수가 90세 이상 살아가면서 생활비에 대한 걱정이 커질 수밖에 없었기 때문이다. 일본 역시 경기 불황으로 제로금리 상황이 장기화되어 자산을 안정적으로 불리기 어려웠다. 결국 65세 이상의 고령층은 안정성보다는 위험 부담이 높더라도 수익률이 높은 쪽으로 자산 운용 전략을 바꿨고, 이것이 금융시장의 트렌드가 됐다.

일본 노인층이 찾은 해결책은 월지급식 펀드다. 투자수익률이 높으면서도 매달 꼬박꼬박 현금이 나오는 금융 상품을 찾다 보니 월지급식 펀드가 답으로 부상한 것이다. 일본에서는 가계자산의 약 60%를 65세 이상이 소유하고 있다. 이들이 펀드로 몰리면서 일본 월지급식 펀드의 자산 규모가 2014년 기준 약 37조 엔(약 370조 원)으로 일본 전체 펀드 규모의 70%에 달할 만큼 거대해졌다.

그럼 우리나라는 어떨까? 국민연금연구원에 따르면 2020년 한국의 50대 이상의 평균 적정 생활비는 1인 가구의 경우 약 164만 5,000원이다. 여기서 말하는 적정 생활비에는 기초생활비, 의료비, 대외활동비, 차량 유지비, 여행비 등이 포함되어 있다. 최소 노후 생활비는 이보다 적은 116만 6,000원이지만, 이 금액은 말 그대로 '최소'인 거고 적정생활비를 기준으로 봐야 한다. 나이가 들수록 점점 떨어지기는 하지만, 어찌됐든 한 달을 지내려면 160만 원 내외의 돈이 필요하다는 의미다.

통계청에서는 안정적인 노후생활을 위한 지출이 1인 195만 원이라고 제시한다. 안정적인 노후생활을 하려면 319만 원이 필요하다고 제시하는 자료도 있다. 여기엔 골프, 대외활동비, 여행비가 포함되어 있다.

또 다른 노후 생활비 계산법으로는 은퇴 이전 생활비의 70%를 월 생활비로 보는 방법이 있다. 은퇴 전 저축을 제외하고 순수하게 매월 고정·변동지출로 발생하는 생활비가 200만 원이었다면 은퇴 후에는 70%인 140만 원을 생활비로 보는 방법이다. 하지만 간과하지 말아야 할 것이 이 금액은 말 그대로 '생활비'라는 거다. 갑자기 목돈이 들어갈 상황에 대비해 예비자금을 만들어놓았음은 물론, 큰돈이 지속적으로 들어가는 건강 문제에 대비해 내 자산을 깎아 먹지 않고도 해결이 가능한 보장성 보험이 있을 때를 가정한 것이다.

30대 중반이라면 55세까지 20년을 벌어서 (85세까지 산다는 가정하에) 30년간 수입 없이 살 돈을 마련해놓는 것, 이게 바로 노후 준비의 기본 개념이다. 비교적 안정적인 노후생활을 위한 지출을 기준으로 30년간 매달 195만 원을 곱하면 총액은 7억 200만 원이다. 이 금액을 20년간 모으려면 (이자 빼고 계산하면) 매월 약 292만 원씩 저금해야 한다. 이렇게만 계산해보면 노후 준비를 해야겠다는 생각이 다시 흔들린다. 월 290만 원이라니, 현재 들어가는 생활비를 빼고 그 돈을 어떻게 저축한단 말인가. 거의 불가능하다고 봐야 한다.

그래서 더욱 절실해지는 게 투자다. 그중에서도 복리로 돈을 불릴 수 있는 복리투자가 필요하다. 매월 소액의 돈을 차곡차곡 저축하되 이를 불려나가는 방법이 월급쟁이들, 특히 누군가의 도움 없이 혼자 살아야 하는 비혼자에게 반드시 필요하다.

다시 현실로 돌아와서, 일하지 않고 살 수 있는 생활비 가이드를 가지고 지금 나의 월 급여에서 얼마를 목표로, 월 얼마씩 투자할 건지를 정해본다. 가장 쉬운 방법은 자산관리사를 만나 내 자산과 재정 상태를 상담해보는 것이다. 물론 그들이 말하는 내 현실은 너무 비관적이다. 당장 그들이 내미는 몇 가지 상품에 가입하지 않으면 내 미래가 비참해질 것 같지만, 그들이 주는 위기의식만 받아들이고 상품은 바로 가입하지 않아도 된다. 적어도 3명 이상의 자산관리사를 만나 그들의 상품을 비교해본 후, 가장 실현 가능한 것을 선택하면 된다. 자산관리사를 만나 해야 할 일은 내 자산 포트폴리오를 짜보는 것이다.

월급쟁이가 매달 현금을 받을 수 있는 가장 쉬운 방법은 연금이다. 모기지론처럼 집을 담보로 현금을 만들 수도 있지만, 일단 지금 목표는 집을 건드리지 말고 순수하게 현금으로 노후 자금을 대비하는 것이다.

이때 국민연금은 꽤 큰 역할을 한다. 국민연금은 개인별로 가입기간과 월 납입액에 따라 예상 수령액이 달라지는데, 예상 수령액을 확인하는 방법은 간단하다. 국민연금공단이 운영하는 '국민연금 노후준비서비스' 홈페이지(csa.nps.or.kr)에 들어가면 내 연금 예상 수령액뿐만 아니라 다른 금융기관에 가입한 연금 상품까지 다 합해 재무 설계 서비스를 받아볼 수 있다.

나는 60세까지 국민연금을 납입할 경우 65세부터 135만 원을 수령할 수 있는 것으로 나왔다. 이대로만 나와준다면 월 60만 원 정도만 더 마련하면 최소한의 노후 생활비는 된다는 의미다. 하지만 60세까지 연금을 납입해야 한다는 것과 국민연금이 나오기까지 5년의 공백기가 있다는 것을 고려해야 한다. 따라서 퇴직연금이나 변액연금 등 다른 연금 상품을 반드시 추가로 가지고 있어야 한다.

미래를 위해 지금 버는 돈을 모두 저축하는 것은 불가능하다. 지금의 생활이 유지되면서 자아실현도 해야 한다. 노후의 월 생활비로 얼마를 쓸지 정하고, 그것을 마련하기 위해 실제 내가 매월 저축하고 투자할 수 있는 금액을 따져보고, 그 금액을 점점 늘려가는 것이 순서다.

똑똑한 소비의 기술

소비에 대한 수많은 기술서가 나와 있지만 그 모든 것을 기억해놓았다가 생활에서 실천하기란 불가능하다. 또, 살아가다 보면 피할 수 없는 소비도 분명히 있다. 이를 현명하고 적절하게 충족하기 위해 기억해두어야 할 여섯 가지 기술이 있다. 이것만 머릿속에 그려놓고 있어도 소비를 효율적으로 통제할 수 있다.

〔 1. 충동적인 번아웃 소비를 막아라 〕

혹시 돈을 아끼겠다고 먹고 싶은 콜라를 들었다 놨다 하고 있는가? 만약 그렇다면 그 비참함에 휩싸여 어느 주말 옷을 사며 시원하게 카드를 긁고 있거나 달달한 것이 필요하다며 호텔 레스토랑에서 한 끼에 10만 원짜리 식사를 하고 있는 자신을 발견할지도 모른다. 무조건 아끼기만 하다가 어느 날 '내가 이것도 못 써?'라고 하면서 과감하게 카드를 긁는 번아웃 증후군에 따른 소비 패턴이다.

번아웃 증후군의 증상 중 하나가 내 수준에 맞지 않는 과도한 쇼핑이다. 갑자기 연봉에 맞먹는 수입 자동차를 산다든지, 평소엔 옷 한 벌 안 사고 악착같이 돈을 아끼던 사람이 여행길 면세점에서 수백만 원짜리 명품 가방을 사고, 고가 브랜드의 매장에서 10여 벌의 옷을 사버린다. 이처럼 과감한 쇼핑을 하면서 속으로 이렇게 외친다. '내가 이것도 못 사? 지금까지 얼마나 열심히 일하고 아끼며 생활해왔는데!' 몇 년 전 히트한 '열심히 일한 당신 떠나라'라는 광고 문구처럼 열심히 일하느라 소진된 자신의 심신에 대한 보상 심리로 평소라면 엄두도 내지 않을 물건에 카드를 긁는다.

나의 지난 직장생활을 돌아보면, 일이 많아 주중에는 도저히 개인적인 시간을 낼 수 없는 때가 대부분이었다. 아침 8시부터 밤 12시까지 계속 일만 했다. 주말에도 조금 늦잠을 자고 쉬다가 오후에 회사에 나가 밀린 일을 했다. 그런 생활을 하면 좋은 게 하나 있다. 흔히들 말하는 '일이 바쁘면 돈 쓸 틈이 없어 돈을 모으게 된다'는 것. 하지만 이런 좋은 점은 오래가지 못했다. 이렇게 일만 하고 채워주는 것이 없다 보니 한 달에 하루 이틀 시간이 나는 주말이 되면 무절제한 쇼핑에 돌입했다.

'나는 이번 달에 주중이고 주말이고 일하느라 돈을 한 푼도 쓰지 않았어. 돈을 버는 이유는 내가 행복하게 살기 위함인데 오늘밖에 시간이 없어. 그러니 난 오늘 무엇이든 사도 돼.'

홈쇼핑에서 쇼호스트가 '마감 임박'을 외치면 나도 모르게 전화기를 들게 되는 것처럼 당시엔 필요하거나 가지고 싶은 물건이라면 금액은 따져보지 않고 샀다. 왜? 난 여유 시간이 없는 데다 그런 적은 돈은 따져보지 않고 써도 될 만큼 열심히 일했으니 말이다. 게다가 다른 사람의 방해를 받고 싶지 않아 혼자 쇼핑을 하기 시작하니 구매 결정이 더 과감해졌다. 그나마 친구나 엄마와 함께 가면 눈치를 보거나 의견을 수렴해 덜 사게 되는데, 그런 심리적 저항을 느끼고 싶지 않아서 혼자 다녔다. 결과적으로 그달의 재정 상태를 보면, 매일 조금씩 뭔가를 사고 누렸던 때보다 훨씬 많은 소비를 했다.

이런 번아웃 증후군성 소비를 한 때가 또 있었다. 바로 물 한 통도 아껴 먹을 만큼 모든 소비를 줄이던 시기였다. 30대 중반, 나는 집을 사야겠다는 생각에 꽂혀 무조건 소비를 줄였다. 집에 식료품도 사놓지 않았다. 쓸데없는 식자재 구입을 막기 위해 '동네 슈퍼를 우리 집 냉장고로 생각하자'라고 결심했고, 생수가 다 떨어져야 집 아래 슈퍼에 내려가 2리터들이 한 통을 사왔다. 그랬더니 6통씩 사다 먹을 때보다 물을 적게 먹었다. 스스로 잘하고 있다고 다독였지만, 6개월째에 돌입했을 때 운동이나 하자며 나갔던 산책길에 우연히 빈티지숍에 들렀다가 어마어마한 양의 쇼핑을 해버렸다. 그날 내 양손

가득 들려 있던 빈티지 핸드백과 옷의 가격은 평소 1년간 쇼핑한 금액을 다 합친 것과 같았다. 한 번에 1년 치 쇼핑을 해버린 거다. 물론 이건 절제하지 못하는, 그만큼 목표에 간절히 집중하지 못하는 한 개인의 이야기일 수 있다. 하지만 많은 비혼 여성이 내 경험담에 공감할 거라고 생각한다.

번아웃 증후군에 걸리지 않으려면 방전된 마음을 매일 조금씩이라도 충전시키는 게 중요하다. 번아웃 증후군이 오면 지친 뇌가 행복감을 원하므로 이를 충족시키기 위해 비싼 자동차나 옷 등을 산다. 하지만 안타깝게도 이런 행복감은 오래가지 못한다. 마음이 금방 새로운 상태에 적응하기 때문이다. 그러므로 행복을 더 많이 느끼는 뇌를 갖는 것이 가장 좋은 방법이다. 윤대현 서울대 교수는 번아웃 증후군을 예방하려면 강도 100의 행복감을 한꺼번에 느끼는 것보다 0.5짜리 행복이 매일 터지게 하는 게 좋다고 말한다. 그러니 소비를 너무 억제하지는 말자.

〔 2. 매월 정해진 금액만 쓰는 소비 습관을 들여라 〕

적은 돈으로 목돈 만드는 법, 월급쟁이의 목돈 만드는 법을 이야기할 때 늘 등장하는 소비 기술이 바로 '신용카드 없애고, 체크카드 쓰기'다. 그 이유는 단 하나다. 신용카드를 사용하면 내 제한선을 모르고 질주할 수 있기 때문이다. 체크카드라면 통장에 넣어놓은 돈만큼만 쓸 수 있으니 얼마가 남았는지 수시로 확인해야 하고, 그 과정에서 저절로 지출을 줄이게 된다.

E 씨는 30대 초반이 될 때까지 신용카드를 만들지 않았다. 대신 체크카드를 썼다. 은행 계좌 하나를 정해 그달에 사용할 금액을 매월 1일에 넣어놓고 그 계좌와 연동된 체크카드로 결제했다. 어린 시절 가정형편이 넉넉지 않았던 그녀는 대학 학비와 생활비를 스스로 해결해왔고, 그러다 보니 절약하는 습관이 몸에 배어 있었다. 그렇다고 무조건 돈을 아끼는 건 아니었다. 동행자가 점심을 사면 커피는 꼭 자신이 샀고, 특별한 날이면 친구나 동료에게 한턱 쏘기도 했다. 돈을 아끼려고 사회생활이나 모임을 멀리하지 않았다는 얘기다. 그랬기

에 그녀가 신용카드를 만든 적이 없다고 했을 때 주변 사람들은 모두 놀라워했다. 생각 없이 신용카드를 쓰고 있던 몇몇은 함께 점심을 먹고 차를 마시는 동안 그녀가 소비 규모를 늘 생각하고 조절하면서 계획적인 소비를 하고 있었다는 사실에 묘한 낭패감을 느끼기도 했다.

E 씨는 이렇게 말했다.

"신용카드를 쓰면 한 달에 얼마를 쓰는지 감을 잃게 될 것 같았어요. 체크카드는 통장 잔고가 명확하게 드러나니까 이번 달에 내가 얼마를 썼는지, 앞으로 얼마를 쓸 수 있는지 늘 지켜볼 수 있어요. 다들 신용카드를 만드는 걸 보고 편하겠다는 생각에 솔직히 유혹을 느끼기도 했죠. 하지만 그랬다면 지금처럼 계획적인 소비 습관을 들이지 못했을 거예요."

계좌에 돈을 넉넉하게 넣지도 않았다. 처음엔 한 달에 30만 원을 넣고 써봤다고 한다. 금액을 산정한 방법은 간단했다. 하루 1만 원씩 30일. 두어 달을 써본 후 금액이 계속 넘어가자 40만 원으로 올렸다. 그 후엔 40만 원을 기본 지출 금액으로 정해놓고 특별히 지출이 많은 날은 예비비로 마련해둔 다른 통장 계좌에서 돈을 빼 쓰고 다음 달 소비를 줄여 그 돈을 메워 넣는 식으로 통장 관리를 했다.

물론 한 달에 일정한 금액을 정해놓고 사용하기 위해 체크카드를 활용하는 방법이 효율적이긴 하지만 무조건 옳다는 건 아니다. 신용카드나 현금을 사용함으로써 연말 소득공제에서 혜택을 받거나 대출이자율을 낮출 기회를 세심하게 챙기는 것도 좋은 방법이니 말이다. 강조하고 싶은 것은 매월 내가 얼마를 쓴다는 소비 규모를 미리 정해놓고 이 원칙을 지키려고 노력해야 한다는 것이다. 노력을 통해 습관을 들이면 나중에는 애써 생각하지 않아도 저절로 낭비하지 않게 된다. 그 사용법이 체크카드일 수도 있고, 신용카드나 현금이어도 상관없다.

모바일마케팅 회사에 다니는 30대 K 씨는 집을 사기로 마음먹으면서 현금만 쓰기로 했다. 매월 1일 50만 원을 은행에서 뽑아 봉투에 넣어두고 조금씩 사용하는 방법을 썼다. 지출 항목은 돈을 쓰는 대로 간단한 메모 형식으로 가계부를 써 남겼는데 이 방법이 꽤 효과적이었단다. 그는 이렇게 말했다.

"신용카드를 쓸 때는 돈이 나가고 들어오는 것에 크게 신경을 쓰지 않았어요. 그런데 현금은 없어지는 게 눈으로 보이니 아무래도 돈을 쓸 때 한 번 더 생각해보게 돼요."

〔 3. 소비에도 선택과 집중이 필요하다 〕

무조건 돈을 쓰지 않는 것이 왕도는 아니다. 아니, 그럴 수도 없다. 지금은 소비를 하지 않을 수 없는 시대다. 문제는 어떻게 소비하느냐다. 선택과 집중 전략은 다양한 문제에서 유용하지만, 돈 관리에서도 큰 효과를 발휘한다. 어떤 분야에 돈을 쓸 것인지 선택하고 거기에 소비를 집중하는 방법이다.

선택과 집중 전략에 따른 소비를 하기 위해 가장 먼저 할 것은 내가 사용할 수 있는 전체 지출액과 잉여액을 가늠하는 것이다. 월 200만 원을 번다면 꼭 지출해야 할 금액이 200만 원이어서는 안 된다. 그보다 적은 액수로 지출 총액을 정해놓고, 그 시기에 내가 집중하고 싶은 항목의 비중을 늘리고 나머지 부분을 줄이는 방법을 선택한다. 이렇게 하면 충동에 휩싸여 옷값을 펑펑 쓰거나 신기술에 현혹돼 아이패드나 노트북을 지르는 일은 얼마든지 피할 수 있다.

먼저, 줄이고 싶은 부분과 줄이고 싶지 않은 부분을 노트에 정리한 후 이번 달 혹은 올해 어떤 부분에 집중할 것인지를 선택한다. 한 달에 한 번씩 이렇게 정리하면서 다음 달 쓸 지출 계획을 바꿀 수 있다. 이번 달에 운동을 하기 위해 목돈이 들어간다면 '이번 달엔 옷은 절대 사지 않는다'처럼 다른 항목을 포기한다. 만약 정말 옷을 살 필요가 있다면 운동에 들어간 지출이 다 끝나는 달까지 기다렸다가 그때 산다.

〔 4. 계획된 소비로 행복감을 느껴라 〕

선택과 집중을 하다 보면 자연스레 미래의 소비 계획을 세우게 되는데, 내가 계획한 것에 맞춰 소비를 할 때 느껴지는 만족감과 그에 따른 행복감은 정말 크다.

소비 비용이 클 경우 만족감이 더 극대화된다. 해외여행을 가거나 안티에이징 피부과 시술을 받거나 노트북을 바꾸는 것처럼 수십에서 수백만 원이 필요한 일이라면 더 그렇다. 통장에 돈이 있어서 그대로 써버리는 게 아니라 '3개월 뒤 일본 여행', '6개월 뒤 노트북 교체'처럼 구체적인 기간과 목표를 정해서 돈을 모으며 기다렸다가 적기에 소비할 때의 쾌감이란! 오랜 시간 바랐던 일을 성취하는 기쁨은 직접 경험해봐야 실감할 수 있다.

다이어트를 할 때도 그렇다. 빨리 살을 빼겠다고 무조건 굶으면 얼마 못 가 폭식으로 이어진다. 장기적으로 다이어트 하려면 평소 식사 조절을 통해 열량을 줄이되 일주일에 한 번 정도는 그동안 먹고 싶었던 것을 먹는다. 그때도 폭식하지 않고 적당량을 먹을 수 있게 조절한다. 그러면 만족감이 들어 다시 열량 조절이 가능해지고, 또 일주일에 한 번은 맛있는 걸 먹을 수 있다는 생각에 즐겁게 그 시간을 기다리게 된다.

나이가 들어가면서 소비 욕구를 느끼는 분야가 새롭게 생겨나기도 하는데 그중 하나가 피부관리다. 피부 좋다는 소리를 늘 듣던 사람이라 할지라도 30대가 넘어가면 피부 노화가 빠르게 진행된다. 그동안 크게 느껴지지 않았던 눈 밑 주름이나 이마 주름이 눈에 띄고 입 주변과 턱선이 탄력 없이 늘어진 걸 발견하면서 피부관리를 받고 싶어진다. 실제로 피부과 의사들은 피부 탄력을 유지하기 위해 1년에 한 번은 레이저 시술을 받는 게 효과적이라고 이야기한다. 하지만 그런 시술은 보통 100만 원이 훌쩍 넘어서 하고 싶어도 하지 못하는 게 보통이다. 지금 통장에 그만한 돈이 있다 해도 피부에 그 돈을 쓴다는 게 낭비처럼 여겨진다.

화장품 회사에 근무하는 30대 중반 P 씨는 어머니와 함께 한 달에 10만 원씩 적금을 붓기 시작했다. 처음엔 해외여행을 갈 생각이었는데 설 명절에 친척들과 피부에 대해 이야기하다가 돈을 모아 시술을 받자는 계획을 세우게 됐다. 화장품 회사에서 일하다 보니 다른 직군보다 더 피부에 신경이 쓰였던 그녀는 월급에서 흔쾌히 10만 원을 떼어 적금을 부었다. 1년을 꼬박 그렇게 모은 후 모녀는 피부과를 찾아 가벼운 마음으로 시술을 받았고 두 사람의 만족감은 정말 컸다고 한다.

"돈이 아까워 참고 있었더라도 아마 언젠가 에라 모르겠다 하는 심정으로 피부과를 찾아갔을 거예요. 그러고 나오면서 목돈이 뭉텅 빠져나간 통장 잔고에 속이 쓰리고, 또 엄마 생각이 나 죄책감이 들었을 게 뻔하죠. 그런데 이렇게 1년 동안 차곡차곡 모아 엄마와 함께 시술을 받으니 성취감이 느껴지더라고요. 그동안 다른 부분에서 돈을 아꼈는데, 그 인내 덕에 하고 싶은 일을 할 수 있었다는 기분이 들어 참 좋았어요. 엄마와 동행한 덕에 모녀 이벤트 혜택도 볼 수 있었어요. 다음번엔 돈을 모아서 일본으로 온천여행을 가려고 해요."

〔 5. 돈을 쓸 땐 쓰자. 단 가치 있는 것일 때만 〕

돈을 쓰는 데 못지않게 돈을 아끼는 데도 기술이 필요하다. 돈을 아끼고 모으는 것은 중요하지만 무조건 아끼는 것만이 최선은 아니다. 쓸 때는 써야 한다. 소비를 할 때는 내가 정말로 원하는 곳, 가장 만족감을 얻을 수 있는 곳이 어디인지 찾는 것이 중요하다. 적은 돈이라도 나에게 '가치 있는 소비'가 되어야 한다는 얘기다. 가장 흔하게 일어나는 변동소비는 외식, 화장품, 옷이다. 이 세 가지 모두 '마음에 들고 필요한 것일 때 지갑을 연다'라는 원칙을 가지고 소비하면 문제가 없다. 물론 내 소득수준을 넘는 허영에 찬 소비가 아닐 때 말이다.

특히 외식은 단순히 밥을 먹는 행위가 아니다. 사교와 힐링의 시간이다. 이 중요한 행위를 무조건 하지 말라는 것은 말도 안 된다. 외식을 하되 원칙을 정해놓는 것만으로도 이전에 비해 지출을 줄일 수 있다.

- **첫째, 꼭 필요할 때, 꼭 필요한 사람과 먹는다.**
- **둘째, 주 1회를 넘지 않는다.**

외식이 꼭 필요한 때가 있다. 가족, 친구, 동료의 생일이나 축하 자리처럼 상식적인 것 말고도 동료나 가족을 위로하는 자리, 나를 위해 조용히 시간을 내는 자리까지도 포함된다. 꼭 필요한 사람도 내 주관에 따라 정한다. 가족, 친구 외에도 동료, 선후배까지 포함할 수 있다. 단, 모든 사람은 아니어야 한다. 내가 꼭 챙겨야 하는 사람을 고민해보고 결정해놓아야 한다. 두 번째 원칙인 주 1회를 기준으로, 나에게 중요한 사람들을 어떻게 챙기고 함께 즐길 것인가를 선택해야 한다. 물론 횟수는 자신의 상황에 맞춰 정하면 된다. 주 1회는 나의 원칙이었다. 일주일에 한 번은 특별히 맛있는 걸 먹자는 의미로, 나에게 힐링 시간을 주고 싶어서였다.

혼자 사는 사람은 특히 외식에서 돈을 아낀다는 개념이 약하다. 주로 밖에서 식사를 해결하고, 버릇처럼 스타벅스로 자리를 옮겨 커피를 마신다. 기혼자들이 돈을 모으기 위해 외식을 자제하고 스타벅스 대신 커피값이 싼 곳을 찾는 것과 다르다. 당장 돈을 모아야 할 이유가 없기 때문이다.

부장님에게 혼나 풀이 죽은 동료를 위로하기 위해 반드시 브런치 레스토랑에 갈 필요는 없다. 회사 앞 카페에서 커피 한 잔으로도 위로할 수 있다. 식사 시간이라면 근처 일반 식당에서 간단하게 밥을 먹고 카페로 자리를 옮겨 마음을 나누는 대화 시간을 가지는 게 낫다. 친구나 동료와 밥을 먹을 때는 명분이 있는 날로 정하는 게 도움이 된다. 생일이나 축하 자리면 제일 좋다.

자주 만나는 친구나 동료라면 외식 장소를 최대한 저렴하고 부담 없는 곳으로 정하는 게 맞다.

화장품과 옷은 꼭 필요한 물건들이지만 문제는 돈이 꽤 드는 품목이라는 거다. 기자생활을 하면서 오랫동안 화장품에 대해 공부해온 나는 점점 화장품 비용을 줄여왔다. 화장품에 대한 정보가 많아지다 보니 싸면서도 효과가 좋은, 말 그대로 가성비 좋은 화장품을 많이 알게 돼서다.

제약회사에서 나오는 더마 화장품이 내 피부에는 잘 맞았다. 피부가 워낙 민감한 편이라 화장품을 고를 때는 순하고 믿을 만한 성분을 사용했는지에 신경을 썼다. 제약회사의 화장품이 바로 이런 피부 타입과 성향에 맞춰 만들어진 제품들이다. 브랜드로는 라로슈포제, 아벤느, 유리아주, 유세린 등이 있다. 간단히 미스트와 수분크림을 쓰고 그 사이엔 영양공급을 위한 페이셜 오일 하나만 쓴다.

색조 화장품은 중고나라를 주로 이용한다. 돈을 아낄 방법을 찾던 중 친구에게 '중고 거래'를 배웠다. 화장품은 백화점에서, 옷은 SPA 브랜드나 아웃렛에서 주로 구입해왔는데 그것보다도 더 싸게 살 수 있었다. 중고 거래로 옷을 사기는 힘들지만 색조 화장품은 쉽게 구할 수 있다. 색조 화장품은 유효기간이 스킨케어 제품처럼 아주 민감한 것도 아니어서 구입이 편하다.

옷은 외식과 똑같은 원칙으로 구매하길 권한다. 옷은 가격에 따라 디자인과 품질이 달라지기 때문에 무조건 싼 걸 사야 한다고 말하고 싶진 않다. 자신의 스타일에 맞춰 구매하되 '꼭 사고 싶은 옷을, 한 달에 한 번, 10만 원 이내로' 같은 식으로 원칙을 세워야 한다.

예술작품 감상이나 독서에 가치를 느끼는 사람이라면 훌륭한 전시의 관람료나 책 구입에 쓰는 돈은 아끼지 않아도 좋다. 여행에서 삶의 기쁨을 느낀다면 여행 준비를 위해 소비하는 것은 아깝지 않을 것이다. 단, 그 분야 외에는 최대한 돈을 쓰지 않는다는 원칙을 지켜야 한다.

3
장

내 한 몸 누울 곳!

집 마련하는 법

비혼일수록 내 집이 필요하다

어린 시절 우리 집은 굉장한 대가족이었다. 실제 식구는 할머니, 아빠, 엄마, 나, 동생으로 이루어진 5인 가족이었지만 주말마다 두 고모네와 삼촌, 작은할머니네 가족이 모여들어 집 안에 늘 열댓 명이 바글거렸다. 그래서인지 어려서부터 '나만의 공간'에 대한 열망이 컸다.

내 공간을 가지면 할리우드 영화에 나오는 일러스트레이터의 작업실 또는 디자이너의 방처럼 꾸미거나, 작은 공간이지만 시스템이 잘 짜여서 손닿는 곳에 모든 것이 깔끔하게 잘 정리된 그런 공간을 꿈꿨다.

공간에 대한 열망은 비단 '방'에 그치지 않았다. '만약 내가 집을 가지게 된다면 원룸 형태로 된 넓은 갤러리 같은 집을 가지리라'라는 꿈도 있었다. 어릴 적 빠져들었던 영화 〈플래시댄스〉의 주인공 제니퍼 빌즈가 잠도 자고 댄스 연습을 하며 지내던 창고가 멋져 보였기 때문이다.

그 어릴 적 꿈은 성인이 된 후에도 이어져 처음 집을 고를 때 공간이 하나로 탁 트인 갤러리형으로 구했다. 물론 지금은 그런 집에서 살지 않는다. 그렇게 넓게 트인 공간이 생활하기엔 비효율적이라는 걸 원룸, 건물 꼭대기 층, 복층 오피스텔 등을 거치면서 체험으로 알게 돼서다. 댄스 연습실 같은 집은 냉난방비가 많이 들고 조금만 신경을 안 쓰면 금세 지저분해진다. 구역이 나뉘어 있지 않아 공간 효율도 떨어지고 먼지도 더 많이 생긴다.

나이가 들면서 어린 시절 꿈꿔온 공간의 불편함을 깨닫고 원하는 공간의 모습은 점차 바뀌었지만 내 취향을 잘 반영한 예쁜 공간에 대한 열망은 사라지지 않았다. 집이 있는 지금도 말이다.

'집'은 한국인이라면 돈을 벌기 시작하면서부터 반드시 이루어야 할 인생의 목표처럼 여겨지는 단어다. 심지어 초등학생들조차 "나중에 장가가면 엄마랑 살 거냐"란 질문에 "집 주면 엄마랑 살지"라고 대답한다고 한다. 그만큼 집을 사기 힘들다는 어려움이 각인되어 있는 것 같다.

수명이 늘어나고 1인 가구 형태가 확산되면서 집은 더 중요해졌다. 과거엔 집의 개념이 자식에게 물려줄 '재산 목록 1호'였다면 지금은 달라졌다. 자산으로서의 의미는 아직 남아 있지만 후대에 물려주는 내림 자산이 아니라 내 노후를 지켜줄 '내 인생을 위한 자산'으로 의미가 바뀌었다. 또 노후의 생활뿐 아니라 지금의 삶을 안전하고 가치 있게 보내기 위한 공간이라는 의미도 부각되고 있다.

북유럽 인테리어의 인기가 사그라들지 않고 이어지는 것도 집에 대한 이런 생각과 맥을 같이한다. 스웨덴, 덴마크, 노르웨이, 핀란드 등 북유럽 나라 사람들은 바깥보다는 집 안에서 많은 시간을 보내고, 또 그 생활을 좋아한다. 우리 역시 집에서 보내는 시간이 삶의 중요한 부분으로 점차 인식되면서 북유럽 사람들이 선호하는 집의 꾸밈새가 우리에게도 매력적으로 다가오게 되었다.

생존을 위한 삶이 아니라 즐겁게 누리는 삶을 위해 반드시 필요한 게 나만의 공간, 곧 집이다. 그래서 집은 거주 공간이자 삶의 공간, 놀이 공간이다. 혼자 보내는 시간이 많은 싱글에게 집은 더욱 특별할 수밖에 없다. 2020년은 코로나19로 집에서 거의 격리하다시피 지내게 되면서 '집 라이프'에 대한 중요성은 강조할 필요 없이 커졌다.

요즘은 집과 관련된 브랜드와 회사들이 무서운 속도로 성장하고 있다. 대표적인 곳인 '오늘의집'과 '이케아'는 몇 년 동안 인테리어의 모든 것처럼 여겨졌던 스칸디나비아 스타일의 인테리어를 싼값에 시도해볼 기회를 마련해주었다. 한국에 들어오던 당시의 잡음을 생각하면 이케아를 찬양하고 싶지 않지만, 이 스웨덴 가구가 비혼 라이프를 조금 더 쉽고 싸게, 그리고 풍요롭게 해주는 것만큼은 분명하다. 작은 공간에서도 잘 정리된 상태로 지낼 수 있는 수납 시스템, 공간을 넓어 보이게 하는 단순한 디자인, 그리고 어떤 가구를 함께 배치해도 멋지게 어울리는 화이트, 블랙, 우드 컬러의 가구들이 그것을 가능케 했다. 게다가 다른 가구 브랜드에 비해 가격이 저렴하다는 점은 굉장한 장점이어서 이케아는 한 번 방문한 사람이 다시 찾게 되는 매력을 가지고 있다.

그 전까지 우리나라에서는 이런 가구를 찾아볼 수 없었다. 한국 가구 역사를 함께 해온 브랜드로는 보르네오와 리바트가 있고 고급 브랜드로는 유럽의 수입가구가 있다. 주방 시공으로 커온 한샘이 요즘 이 시장에 뛰어들어 한국의 종합 라이프스타일 1위 업체로 우뚝 섰지만, 그 전엔 가구는커녕 작은 소품 하나 고를 수 있는 곳도 마땅히 없었다. 그나마 재래시장 형태의 고속버스터미널 지하상가가 그 역할을 해왔다.

이케아가 생겨난 배경은 스웨덴이란 국가가 가지고 있는 특징에서 찾을 수 있다. 스웨덴은 1인 가구 비율이 전체 가구의 47%에 달하는 싱글 공화국이다. 수도인 스톡홀름은 1인 가구 비율이 무려 60%에 달한다. 그런 까닭에 스웨덴에서는 1인 가구인 '싱글톤'이란 개념이나 이들이 모여 사는 셰어하우스가 일찍부터 발달했다.

싱글 가구가 사회 구성원의 절반을 차지하는데도 그들에겐 불확실한 미래나 노후에 대한 걱정이 우리만큼 크지 않다. 한마디로, 복지지수가 높기 때문이다. 2013년 유엔이 156개국을 대상으로 국민행복도를 조사한 〈세계 행복 보고서〉에 따르면 스웨덴이 덴마크, 노르웨이에 이어 5위를 차지했다. 1인 가구로 살면서도 행복도가 높은 건 공동주택 정책이 잘 되어 있어 집에 대한 부담감이 없기 때문이다. 개인 원룸을 제외하고 공동주방과 육아센터 등의 시설을 거주자들이 공유하는 셰어하우스 형태가 보편화돼 있다. 이런 공동생활 덕에 노령의 1인 가구라고 해도 고립될 일이 없다. 우리가 상상하는 독거노인과는 질적으로 다른 삶을 산다는 의미다. 상대적으로 수입이 적은 청년층과 노년층의 안정된 주거생활을 뒷받침하는 국가의 넉넉한 주택 보조금 덕에 싱글이어도 노후가 불안하지 않은 나라가 된 것이다.

우리 상황을 스웨덴과 비교하면, 일단 우리는 지원받을 수 있는 주택 보조금이 없다. 노인의 경우 노령연금이 나오긴 하지만 집을 유지하기에는 어림없는 금액이다. 결국 노년에 몸을 누일 집은 있어야 소비를 줄여서라도 생활을 할 수 있는 여지가 생긴다.

여기서 드는 의문이 '과연 지금 집을 사는 게 좋을까'다. 이제 집값은 오를 대로 올랐다고, 거품이 빠질 일만 남았다고 한다. 지금 집을 사는 건 바보라고 비웃는 사람도 있다. 정말 지금 집을 사려는 건 바보 같은 짓일까?

이 책을 처음 낸 2017년에 "이 책을 보고 집을 샀다"는 지인이 있다. 그 당시엔 '비혼'이란 말이 트렌드로 떠오를 때가 아니었지만, 지금 생각해보면 그녀는 결혼에 니즈가 없는 비혼 여성이었다. 꽤 오랜 시간 직장생활을 했고, 부모님 집에서 사는 덕에 통장에 쌓아놓은 자금이 꽤 있었더랬다. 아무리 그렇다 한들 그 돈만으로 집을 살 순 없었을 테고 대출을 보태 집을 마련했으리라 예상된다. 어찌됐든 그녀는 이 책을 본 뒤 과감하게 집을 샀다. 집을 사기 전 나와의 만남에서 "지금 집을 사야 할까요?"라고 물었고, 내가 "당장"이라고 답했던 기억이 난다. 어찌됐든 지금 그녀는 당시에 집을 매매한 것을 아주 잘한 일이라고 생각할 것이 틀림없다.

지난해부터 급격하게 오르고 있는 집값을 보면서.

이 이야기를 하는 건, 어찌됐든 집값은 떨어지지 않을 것이라는 걸 쉽게 예측할 수 있기 때문이다. 물론 부동산 전문가들은 지금 부동산 경기를 점칠 순 없다고 한다. 한쪽에서는 '그래도 부동산'이라고 말한다. 경기가 안 좋다 보니 화폐가치가 점점 떨어지고 세계 불황에 환율까지 요동친다. 이런 상황에서는 화폐에 가치를 두기보다는 눈에 보이는 물건, 즉 현물 자산에 더 관심을 가지게 되는데 대표적인 것이 금이나 부동산이라는 것이다.

또 다른 한쪽에서는 '행복 끝 불행 시작'이라고 말한다. 부동산 경기가 침체될 것이라고 예견하는 전문가들의 이론은 더 솔깃하다. 인구 증가폭이 줄어들고 고령화로 집이 필요한 사람들은 줄어드는 추세인데, 주택 공급량이 최근 몇 년간 큰 폭으로 늘어 집에 대한 수요가 공급을 넘어서지 못한다는 이론이다. 게다가 이미 집값에 거품이 잔뜩 껴서 이제부터는 내리는 일만 남았다고 이야기한다.

이 두 가지 견해가 팽팽히 맞서는 가운데 올해가 부

동산 경기를 판가름할 분수령이 될 것이라는 전망이 나온다. 가장 중요한 변수는 코로나19로 바닥을 친 경기다. 끝을 모르고 오르는 부동산 값을 감당하기엔 경기가 너무 안 좋다. 금리가 상승 조짐을 보이면서 무리하게 대출을 받아 집을 산 사람들의 손해가 이미 예견되기도 한다. 이제 집값이 고점을 찍었으니 내려갈 일만 남았다며 집값이 떨어졌을 때 집을 사기 위해 현금을 비축해둔다는 사람들도 나타난다. 반대로 어려운 경기 때문에 급매로 나온 집이나 가정 경제 파탄으로 인해 경매로 나온 집을 '줍기' 위해선 지금 현금을 가지고 있는 게 좋다는 의견도 팽배하다. 한마디로 누구 말을 따라야 할지 종잡을 수 없는 혼돈의 시기다.

하지만 나는 비혼 여성들이 집을 사야 할지 말아야 할지를 고민하지 않았으면 좋겠다. 일단은 무조건 산다고 생각하자. 몇 년 전과 똑같은 답이다.

집은 위기가 와도 언제나 통하는 해답이다. 소소하게 시작할 수 있는 작은 평수의 집은 부동산 거품이 빠지고 있다는 요즘에도 시세가 꾸준히 올라가고 있다. 소형 평수의 주택은 아무리 집값에 변동이 없다는 지역도 시간이 지날수록 조금씩 오른다. 또 나중에 역모기지를 통해 연금으로 전환하여 노후 자금으로도 활용할 수 있으니 내 집을 사놓아서 손해 볼 일은 없다. 게다가 지금 나오고 있는 투자 전문가들의 전망을 살짝 공개하면, 세계적인 경기 불황으로 금융 자산은 불안하다는 예측이 조심스레 나오고 있다. 경기 불황으로 시장에 돈이 돌지 않으니 결국 정부는 돈을 찍어낼 수밖에 없고, 그러면 화폐가치가 떨어지고 물가가 오르는 인플레이션이 올 수밖에 없다. 이런 시기엔 현물 자산이 답이다. 금 아니면 부동산. 그래서 오히려 집을 살 마음이 있다면 2021년 상반기가 최고의 적기라는 예상도 나오고 있다.

여기에 하나 덧붙이면, 내 집을 가지는 것은 정신적으로도 유익하다. 미래의 시장 상황과 상관없이 내 몸을 누일 수 있는 공간이 있다는 것만으로도 크나큰 안정감을 얻기 때문이다. 2년마다 올려줘야 하는 전세가를 걱정할 필요 없고, 새로운 집을 찾아다녀야 하는 스트레스도 없어진다. 이사에 들어가는 비용과 새로 집을 알아봐야 하는 수고에서 벗어난다는 점도 무시할 수 없다. 게다가 집값이 과연 언제가 되야 떨어질지 알 수 없는 상황이라 시세차액도 분명히 노려볼 수 있다.

당장 집을 살 형편이 안 된다면 월세부터 시작해 전세, 자가주택 순으로 목표를 잡아 단계별로 밟아가면 된다. 목표를 가지고 차근차근 해나가면 결국 몇 년 안에 집을 살 수 있다. 중요한 건 내 집을 마련하겠다는 결심을 실행으로 옮기는 것이다.

현대인에게 더 중요한 내 공간의 의미

"나만의 공간을 가지고 싶다."

부모 집에서 독립하지 못한 사람들이 흔히 하는 말이다. 성인이 되면 대부분 자기 방을 가지고 있다. 부모가 방에 들어와 이건 여기 놔라, 저건 저기 놔라 일일이 간섭하지도 않을 것이고, 자기 방에서 무엇을 하든 크게 개의치 않을 것이다. 그런데도 그들은 나만의 공간을 가지고 싶다고 부르짖는다. 자신만의 공간을 원하는 데는 여러 가지 이유가 있다. 일단 '잘 꾸며진' 공간을 가지고 싶다는 욕구가 크다. 여기서 잘 꾸며졌다는 의미는 내 취향이 잘 반영됐다는 뜻이다. 부모님과 함께 살고 있다면 나의 취향과는 전혀 다르게 꾸며진 집에서 살고 있는 것으로 봐도 무리가 없다. 나는 간결하고 단순한 북유럽 스타일을 좋아한다고 해도 우리 집 부엌은 어머니의 취향에 맞춰 화려한 장식의 프랑스풍 그릇들로 가득 차 있기 십상이다. 거실을 미니멀리즘 스타일로 간소하게 꾸미고 싶어도 아버지가 좋아하는 시커멓고 웅장한 소파를 없앨 순 없다.

소셜 네트워크 서비스SNS를 통해 '온라인 집들이'란 해시태그를 붙여가며 예쁜 집 사진을 공개하는 게 유행인 요즘, 내 마음대로 꾸미지 못하는 집은 아쉽다 못해 묘한 결핍감을 준다. 청소년기에 한 주먹이나 되는 색색의 필기도구로 일기장이며 노트를 알록달록하게 꾸몄던 것처럼 집을 예쁘게 꾸미고 싶다는 열망이 나만의 공간을 가지고 싶다는 것으로 표출된다.

집은 우리에게 어떤 의미일까? 대구대 심리학과 박은아 교수는 집이 사람들에게 어떤 의미를 가지는지 심리학적으로 분석한 결과 아홉 가지로 구분된다고 봤다. 집은 내 존재의 기반이며 몸과 마음의 휴식처이자 더 나은 미래를 준비하는 곳이라는 의미가 있다. 또 나를 표현하는 장소이자 나의 자산이기도 하다. 자산 측면에서는 지위와 권력을 표시하거나 자기의 성취 정도를 표시하는 재산적 도구라는 의미가 있다.

현대인에게 집의 의미

---

① 가장 기본적인 터전. 나와 가족을 타인과 구분해주는 공간

② 가족 간 정을 나누고 교류하는 공간

③ 몸과 마음의 휴식처

④ 더 나은 미래를 준비하는 곳

⑤ 또 다른 일터

⑥ 자신을 표현하는 장소

⑦ 타인에게 사회적 지위나 권력을 표시하는 도구

⑧ 스스로에 대한 성취 정도를 평가하는 도구

⑨ 재산적 가치

자료: '집의 의미에 대한 심리학적 접근', 대구대 심리학과 박은아 교수

여기 나온 몇 가지만 보더라도 집은 자산으로서의

역할을 넘어 굉장한 심리적 의미를 지님을 알 수 있다. 홀로 모든 일을 처리해야 하고 홀로 미래를 걸어가야 하는 비혼 여성에게는 이런 심리적 의미가 더 커진다. 내 몸과 마음을 쉬게 하고 더 나은 미래를 준비할 수 있는 공간, 그리고 나 자신을 표현하는 장소로서 말이다. 기혼자라면 공간을 가족의 취향과 요구에 맞게 꾸며야 하지만, 싱글은 이 모든 것을 오롯이 혼자 선택할 수 있다.

이사를 하려고 집을 내놓았을 때였다. 준공한 지 20년이나 된 낡은 15평형 아파트로, 평수가 작은데도 방이 3개나 됐다. 당연히 방이며 거실이 모두 작았다. 무엇보다 거실을 작업실 겸해서 널찍하게 꾸미고 싶었던 나는 현관에 붙어 있는 작은 방 하나에 냉장고와 그릇장을 몰아넣고 거실을 비웠다. 거실 중앙엔 긴 탁자를 놔서 식탁 겸 작업용 책상으로 썼다. 사실 그리 대단한 인테리어를 한 것도 아니었다. 좁은 집을 넓어 보이게 하려고 벽지와 바닥, 페인트를 온통 흰색으로 맞춰 전체적으로 밝게 하고, 방 하나를 창고로 써서 자잘하고 잡다한 물건들을 몰아넣으니 거실과 침실이 시원해졌을 뿐이다. 가구는 돈을 아끼기 위해 꼭 필요한 소파와 침대, 책상, 수납장 이외에는 들여놓지 않았다. 인테리어를 하는 데 200만 원도 채 들이지 않았다. 그런데 그 집을 보러 온, 나이가 꽤 있어 보이는 부부의 반응이 의외였다. 집을 둘러보던 아내가 남편에게 "나도 당신이 없으면 이렇게 살 수 있는데"라고 말하는 것이 아닌가. 남편이 "그게 무슨 말이야?"라고 묻자 아내는 "나 혼자 살면 이렇게 꾸며놓고 살 수 있다고"라고 했다. 그 말에서 자기가 원하는 대로 공간을 꾸미면서 살고 싶어 하는 그녀의 아쉬움이 읽혔다.

'아이만 없다면, 남편만 없다면 이 공간을 내 취향대로 예쁘게 꾸며놓고 살 텐데'라고 생각하는 여자들이 많다. 그래서 남자는 독립하면 집에서 술을 함께 마실 친구를 부르지만, 여자는 독립하면 인테리어 잡지부터 뒤적인다고 한다.

사람들은 보통 집이 취향에 맞게 하나씩 달라지는 모습을 보면서 즐거움을 얻고, 더 공을 들인다. 집을 보러 가면 집주인들이 "이건 제가 하나하나 구해서 직접 인테리어한 거예요"라며 뿌듯한 눈빛을 하는 때가 많았다. 내가 보기엔 직접 했다는 인테리어가 그리 예뻐 보이지 않았음에도 그들은 자신이 직접 꾸몄다는 것에 자부심을 가지고 자신의 집을 자랑스러워했다.

이런 심리적인 이유 외에도 비혼 여성에게 집은 자산으로서 더욱 절실하다. 노후에 필요한 생활비를 계산할 때도 '집이 있을 경우'란 단서가 붙는다. 보통 우리는 결혼과 함께 구체적인 내 집 마련 계획을 실행한다. 결혼 후 아이가 태어나기 전까지는 20평형대의 집을 구해 살다가 아이가 태어나면 30평형대로 옮겨간다. 아이가 둘 이상 태어나거나 자녀가 성인으로 자라는 40~50대엔 조금 더 큰 중대형 아파트로 자연스레 옮겨간다.

이 흐름에 따라 돈을 모아 자산 규모를 키워가고, 더 나은 집으로 옮기기 위한 필요자금을 어떻게든 마련한다. 하우스 푸어라고 하지만 그만큼 자산은 키워지고 있다. 대출이자 갚느라 아무리 힘겹더라도 말이다.

혼자 살다 보면 집을 늘려야 할 필요를 크게 느끼지 못한다. 물론 더 넓고 좋은 집에 살면 좋지만, 식구가 새로 생기거나, 아이가 커서 방을 나눠야 하는 등의 집이 커야 하는 필수불가결한 이유가 없다. 그래서 보통 목돈이 생기거나 특별한 계기가 없다면 무리를 해가면서까지 더 좋은 집으로 옮기진 않는다. 하지만 집에 욕심을 부리지 않으면 계속 제자리걸음만 하게 될 뿐이다. 목표를 가지고 집을 단계별로 업그레이드하려는 계획을 세울 필요가 있다.

혼자서 내 집 마련하는 법

$

〔 1. 내 집 마련, 시작이 반이다 〕

소득 규모가 작으면 집을 사는 것 자체에 겁을 먹는다. 집값이 워낙 비싸다 보니 언감생심 도전해볼 생각조차 하지 않는 경우가 많다.

하지만 꾸준한 소득이 있다면 혼자 모아도 충분히 내 집을 장만할 수 있다. 아니, 내 집은 물론이고 임대료로 따박따박 현금을 받을 수 있는 수익형 부동산도 소유할 수 있다. 이제부터 관심을 가지고 집을 사기 위한 행동을 일으키기만 하면 된다. 많은 비혼 여성이 “난 왜 집이 없을까”라고 한탄하지만 실제로 집을 사겠다고 행동에 나서는 예는 꽤 드물다. 하지만 내 주변 비혼자 중에는 집을 산 사람이 많고 점차 더 좋은 집으로 발전해나가고 있다. 그렇다고 매일 부동산을 찾아다니고 부동산 정보를 수집하는 복부인 생활을 하라는 건 아니다. 평소에 조금씩, 하다못해 주말에 한 번만이라도 집에 관심을 가지는 생활로 생활 습관을 바꾸면 된다. 단, 규칙은 있다. 처음부터 좋은 집을 욕심 내지 않고 작은 집부터 차근차근 해나가는 계단 전략을 써야 한다는 것, 그리고 집을 사기 위해 소비를 줄이고 목돈 만들기에 돌입해야 한다는 것이다.

내가 내 집을 마련해야겠다고 생각한 건 30대 초반이었다. 워낙 대가족이었던 데다가 우리 집은 “곧 이사 계획이 있으니 지금 집에 쓸데없이 수리비를 들이지 않겠다”는 할머니의 의지 때문에 낡고 쓰러져가는 집이었다. 냉난방이 시원찮아 겨울엔 자다가 한 번씩 잠이 깰 정도로 몹시 춥고, 여름엔 기절할 만큼 더웠으며, 화장실은 늘 습기로 가득 차 있었다. 30년도 더 된 집이다 보니 인테리어가 그 옛날 유행했던 어두운 컬러의 원목 패널로 되어 있었다. 그래서 거실과 부엌은 한낮에도 불을 켜야 할 정도로 늘 어두웠다. 빨래는 18kg들이 세탁기에 세탁물이 다 차야만 할 수 있었다. 거실 창 쪽에는 할머니의 크고 작은 화초들이 거짓말 안 보태고 100개 정도 있었다. 그 덕에 집 안이 건조하진 않았지만, 화초가 잘 자라길 바라는 마음에 할머니가 수시로 비료를 줬고 그 때문에 집에선 늘 퀴퀴한 냄새가 났다.

상황이 이렇다 보니 30대 초반의 나는 '하얗고 쾌적한 집에서 살고 싶다'는 열망에 사로잡혔다. 난방이 잘 되고, 내 물건이 한곳에 잘 정리되어 있고, 적은 빨래도 수시로 돌릴 수 있기를 바랐다.

나는 결국 부모님께 독립을 선언하고 보증금 1,000만 원에 월세 35만 원의 원룸으로 들어갔다. 10평 정도 되는 아주 작은 공간이었다. 주인집 아들이 살던 곳이라 밥을 해 먹지 않아 다른 집에 비해 깔끔한 편이었다. 직장생활로 모은 돈이 통장에 8,000만 원 정도 있었지만 집을 살 정도는 아니었다. 그래서 임시로 살다가 다른 곳을 구해야겠다고 생각하고 몇 집 보지도 않고 이사했다. 지금 생각하면 후회가 된다. 당시 가지고 있던 돈에 대출을 보태서 집을 샀었어야 했다. 당시엔 그렇게 할 수 있었다. 후회해봐야 이미 지난 일이지만.

어쨌든 첫 번째 집에 대한 나의 콘셉트는 명확했다. 더 좋은 집으로 가기 위한 출발점, 이게 바로 첫 번째 원룸에 대한 내 생각이었다. 옵션은 가스레인지 하나와 작은 에어컨 외에는 아무것도 없어서 가구를 사야 했다. 이때도 '절대 가구에 돈을 들이지 않겠다'는 생각으로 중고 가구를 뒤져 살림을 마련했다.

부동산 주인이 알려준 2만 원에 처분한다는 '금성' 냉장고(진짜로 GOLD STAR라고 쓰여 있었다)를 사서 동생에게 부탁해 4층까지 올렸다. TV, 전자레인지, 서랍장은 모두 중고 가전매장에서 샀다. TV는 괜히 시간만 허비하게 하니 이참에 끊어보자는 생각에 16인치 브라운관 TV를 5만 원에 샀고, 전자레인지는 근처 폐점하는 식당에서 2만 원에 사 왔다. 옷은 한쪽 벽에 옷걸이를 걸고 그 앞에 카키색 커튼을 쳐 깔끔하게 마무리했다. 커튼은 내가 직접 동대문종합상가에 가 커튼레일과 천을 사 봉제실에 가져가 만들었다. 이렇게 했는데도 커튼에 들어가는 돈만 20만 원 정도였다. 비싸긴 했지만 인테리어 효과를 톡톡히 내주었기에 만족스러웠다. 침대는 위생상 새것을 샀는데, 인터넷으로 가장 저렴하면서도 튼튼해 보이는 30만 원짜리 더블침대를 선택했다. 모든 주방용품은 고속버스터미널 지하상가에 가서 싸고 예쁜 것을 하나씩 골라 샀고, 코스트코의 접이식 테이블을 필요에 따라 폈다 접었다 하면서 작업대 겸 책상, 식탁으로 썼다.

이렇게 내 공간을 마련하는 데 든 돈은 보증금 포함 1,200만 원. 그중 1,000만 원은 보증금으로 나중에 나갈 때 돌려받는 것이니 결국 쓴 돈은 200만 원이었다. 월세 35만 원이 부담되긴 했지만 빨리 월세에서 벗어나기 위한 촉진제가 되었으니 첫 출발치고는 나쁘지 않았다고 생각한다.

〔 2. 집의 선택 조건 〕

집을 살 때 가장 고민되는 것이 어떤 조건의 집을 선택해야 하는지다. 돈이 한두 푼 들어가는 게 아니다 보니 신중해질 수밖에 없고, 또 걱정도 많이 된다. 이때 가장 먼저 생각할 것은 집의 용도가 투자인지, 내가 오래도록 살 주거인지다. 목적을 분명히 해야 선택범위가 좁아지고 딱 맞는 집을 찾기 쉬워진다.

투자 목적이라면 뭐니 뭐니 해도 아파트만 한 게 없다. 아파트는 주택이나 건물보다 거래가 활발하게 일어나 빠르게 현금화하기 좋다. 문제는 최근 몇 년 사이에 가격이 엄청나게 올라버렸다는 것인데, 예산이 적다면 서울 시내에서 아직 저평가된 지역이나 개발 호재가 있는 지역을 노려야 한다.

서울에서 지금 가장 핫한 곳은 단연 용산이다. 2022년 하반기 사전 청약 신청을 받는 용산 정비창 부지에 공급될 1만 가구와 반환된 용산 미군 캠프킴 부지에 세워질 공공주택 3,100가구까지 하면 총 1만 3,100가구나 된다. 용산 정비창과 지하철 1호선 남영역과 4, 5호선 삼각지역 사이에 있는 캠프킴 부지는 시내 중심가 가까이에 있는 데다 인근에 있는 공원 외에도 공원이 추가로 조성될 계획이라 최고 수준의 청약 경쟁이 펼쳐질 것으로 예상된다.

수도권에서는 인천이 해로운 다크호스로 떠올랐다. 인천시청역세권의 4개 노른자위 재개발 구역에서 2021년 1월부터 일반분양이 단계적으로 시작된다. 인천지하철 1호선 검단연장 구간이 최근 착공했고, 인천시청역은 GTX-B노선 환승역으로 계획돼 3개 노선이 지나는 트리플 역세권으로 발전할 전망이라 인기가 높다. 이외에도 고양 창릉, 남양주 왕숙, 하남 교산 등 신도시의 사전 청약이 내년 7월부터 줄줄이 기다리고 있다.

지역 경기 호재를 누리고 낡은 집에 들어가 지역이 재개발되기를 기다리는 방법도 있다. 하지만 이때 명심해야 할 것은 부동산은 1~2년 안에 승부가 나지 않는다는 점이다. 부동산 전문가 혹은 부동산에 탁월한 촉이 있는 사람이라면 얘기가 다르지만, 일반적으로는 최소 5년에서 10년 이상 기다려야 한다.

주거 목적이라면 가장 중요한 건 자신이 살기 원하는 지역과 주거 형태다. 요즘 연희동과 옥수동에 감각 있는 젊은 작가와 요리사들이 몰리고 있다. 주택에서 살고 싶어 하는 사람들은 연희동으로, 트렌디한 주거 위치를 찾는 사람들은 옥수동으로 간다. 연희동에 있는 오래된 주택을 사서 작업실 겸 주거 공간으로 개조하기도 하고, 연희동보다 저렴한 시세의 연남동으로 퍼져나간다. 옥수동은 이태원, 강남과 연결되는 새로운 허브로 떠오르는 곳이다. 이곳 역시 지은 지 15년 이상 된 오래된 아파트가 많다 보니 감각적으로 수리해 사용한다. 성수동은 가격이 많이 올랐지만, 한 동짜리 아파트와 오피스텔 등은 아직 시세보다 저렴한 가격에 나오는 곳이 꽤 된다.

만약 이런 동네에서 잘 꾸며진 주택이나 아파트를 찾는다면 일반 낡은 아파트보다 2~5억은 더 줘야 한다. 집은 오래되고 낡아도 괜찮다. 내 취향대로 얼마든지 바꿀 수 있다. 하지만 인기 있는 동네는 이유가 있다. 비혼 여성이라면 번화한 유흥가보다는 치안이 좋은 동네를 선택해야 한다는 점도 간과해서는 안 된다.

〔 3. 월세와 관리비는 버리는 돈, 만만히 보지 마라 〕

멋진 공간에서 '화려한 싱글'을 보내겠다고 월세 70~80만 원의 오피스텔에 사는 사람들이 있다. 순간의 쾌락에 너무 큰 기회비용을 써버리는 것은 아닌지 점검해볼 필요가 있다.

나는 월세 35만 원짜리 집에서 4년을 살았는데도 내 통장의 잔고는 원룸에 들어갈 때 있던 8,000만 원 그대로였다. 처음 독립한 터라 이것저것 쓸 곳이 많았고 통장에 목돈이 있다고 생각하니 절박하게 돈을 모을 필요가 없어서였다. 월세 부담이 크진 않았지만, 월세만 아꼈어도 1년이면 420만 원이 늘었을 것이다. 관리비가 따로 없었기에 망정이지 만약 관리비까지 추가로 들어갔다면 월세, 관리비로 1년 동안 버리는 돈이 600만 원에 달했을 것이다. 그만큼 내 집과 생활에 투자할 수 있는 돈을 공중에 날려버리는 것이었다.

이대로는 안 되겠다는 생각에 원룸 생활 4년 차가 되던 해 이사를 결심했다. 다음 목표는 '전세', 그리고 입지조건은 '쾌적하고 좋은 동네', 집의 형태는 원룸이 아닌 '제대로 된 집'이었다.

평소 즐겨 찾던 효자동, 부암동을 후보 지역으로 해서 집을 알아보기 시작했다. 회사가 가까운 데다 한적하고 운치 있는 동네 분위기가 마음에 들어서다. 하지만 당시 문화계 인사들에게 뜨고 있던 동네인 데다가 전세로 나와 있는 집이 많지 않아 쉽게 찾아지지 않았다. 효자동에서 시작한 두 번째 집 찾기는 결국 위로 위로 거슬러 올라가 평창동에까지 이르렀다.

2호선 라인이었지만 동네가 번잡한 광장동과 달리 평창동은 한적하고 쾌적했다. 교통은 버스밖에 없었지만, 회사 앞까지 한 번에 가는 노선이 있어 문제가 되진 않았다. 문제는 집값이었다. 평창동이라 하면 예로부터 부잣집이 모여 사는 곳이니, 이런 곳에서 내가 가진 돈으로 좋은 집을 구하기란 어려워 보였다.

딱 한 군데 평수가 작은 오피스텔형 아파트가 있었다. 정확히는 '원룸형 아파트'였다. 어린 시절 그렸던 갤러리형 집과 비교적 맞아떨어지는 곳이었다. 전세비도 1억 3,000만 원으로 비싸지 않았다. 내 수중엔 9,000만 원밖에 없었지만, 나머지 돈은 대출로 빌려도 무리 없이 갚을 수 있는 수준이었다. 하지만 높은 관리비가 문제였다. 아파트면서도 오피스텔 시스템으로 운영되는지라 실평수 18평형짜리 집인데 월 20만 원에 가까운 관리비를 내야 했다. 거기에 주차비도 월 3만 원이었다. 어린 시절 꿈을 이룰 수 있다는 생각에 아쉬움이 남아 고민에 고민을 거듭했지만, 결국 포기했다.

지금 생각하면 정말 잘한 결정이었다고 생각한다. 이런 집은 깔끔하고 잘 꾸며진 공간을 제공해줘 '화려한 싱글'의 꿈을 이뤄주는 것 같지만, 월세와 관리비를 허공에 날리는 공간이기도 하다. 월세와 관리비는 집을 구하기 위한 대출이자와는 개념이 또 다르다. 1억을 대출받을 때 매월 내야 하는 이자는 30만 원 선이다. 하지만 대출은 반드시 갚아야 한다는 생각과 대출이자를 최소한으로 줄여야 한다는 생각이 있어 자신의 자본 흐름에 나쁘지 않은 영향을 준다. 빨리 돈을 모아 대출을 갚게 하기 때문이다. 오죽하면 요즘 우스갯소리로 '삶이 우울하면 대출을 받아라'란 말이 나올까. 어쨌든 보통 대출을 갚으며 자산을 늘려나가니 대출은 짧은 시간에 강제적으로 많은 저축을 하는 원동력이 되기도 한다.

원룸형 아파트를 포기한 뒤 나는 한 달 동안 평창동 일대의 부동산이란 부동산은 다 다녔다. 결국 1억 4,000만 원 보증금에 건물 3층을 통째로 쓸 수 있는 집을 찾아냈다. 건물주 할아버지가 살던 곳인데 아들과 살림을 합치면서 도봉동의 아파트로 가야 해 급히 내놓는 거라고 했다. 내가 들어가기 바로 몇 달 전에 바닥부터 천장까지 말 그대로 '올수리'를 해 깨끗했고, '이 집에 꼭 돌아올 테니 깨끗하게 써달라'는 집주인 할아버지의 당부가 마음에 들어 계약했다. 평수도 당시 1억 4,000만 원이란 돈으로는 어림도 없는 29평형이었다. 심지어 관리비도 없었다. 위층의 세입자와 내가 나누어 계단 청소를 하고, 아래층은 1층에 있는 음식점에서 청소며 정리를 다 해 별다른 관리가 필요 없었다. 이렇게 나의 두 번째 집이자 첫 번째 전셋집이 생겼다.

이곳에서 내가 목표한 거주 기간은 2년이었다. 집주인이 2년 뒤에는 돌아온다고 해서이기도 했고, 그동안 대출받은 5,000만 원을 갚고 더 좋은 집으로 옮겨간다는 계획이었다.

2년에 5,000만 원 모으기. 사실 평범한 월급쟁이에겐 힘에 부치는 액수다. 나는 생활 전반을 바꾸는 구체적인 계획을 짰다. 매월 100만 원으로 저금 목표를 잡았다. 보너스와 생각지 않게 들어온 아르바이트 수입이나 조금씩 나는 주식 수익도 모두 모았다. 택시나 자가용을 주로 이용하던 나는 기름값과 부대비용을 아끼기 위해 교통수단을 버스, 지하철로 바꿨고 쓸데없는 식자재비는 최대한 제한했다. 혼자 살다 보니 식비로 나가는 돈은 고무줄처럼 늘렸다 줄였다 할 수 있었다. 내가 먹을 걸 조절하기만 하면 되니까.

지출할 때는 반드시 사야 하는 물건인지 한 번 더 물어보는 습관을 들였다. 옷이나 신발 등은 마음에 든다고 바로 사지 않고 집에 돌아갔다가 생각해보고 그래도 사고 싶은 경우에만 샀다. 대형마트도 끊었다. 대형마트에 가면 별다르게 물건을 집지 않았는데도 10만 원이 우습게 넘어간다. 아무리 줄여도 3만 원은 나온다. 대신 집 앞 마트를 이용하고 4개들이, 6개들이처럼 여러 개를 묶어 파는 상품은 배제했다. '지금 당장 먹고 싶은 것, 지금 당장 필요한 것만 1개씩 산다'는 원칙을 세우고 지켰다. 집 앞 마트에서도 생각 없이 물건을 골라 담는 것을 방지하기 위해 미는 카트 대신 플라스틱 쇼핑 바구니를 들었다. 그 바구니에 내가 양손으로 들 수 있을 만큼만 담았다. 이 장보기 원칙은 지금도 이어나가고 있다. 지금은 편의점이나 집 앞 마트 대신 쿠팡이나 마켓컬리를 이용하지만, 쓸데없이 많은 음식을 사서 집에 쟁여두는 일은 가급적 하지 않으려고 한다. 냉장고에 음식이 가득하면 어떻게 해서든 다 먹고 나서야 새로운 식자재를 산다.

이렇게 악착같이 돈을 모은 나는 결국 2년 만에 4,000만 원을 모았다. 목표했던 5,000만 원을 채우진 못했지만, 다음 집의 목표를 세웠다. 다음 목표는 전세 또는 자가, 그리고 아파트였다. 지역은 평창동에 그대로 남기로 했다. 서울 어느 곳을 가봐도 북한산의 정취가 있는 이곳만큼 좋은 곳이 없었다. 게다가 평창동 작은 평수의 집은 번화한 강북의 어느 곳보다 저렴한 편이었다. 20년 전에 형성된 집값이 아직 크게 오르지 않은 채 그대로 있었다. 반대로 말하면 투자 가치는 없는 동네였다. 투자 목적이라면 맞지 않았겠지만 나는 내가 살 최적의 공간을 찾는 것이니 집값이 오르지 않는 것이 오히려 더 좋았다.

내가 가지고 있는 돈 1억 3,000만 원에 5,000만 원의 대출을 더 받아 1억 8,000만 원의 전셋집을 목표로 했다. 지난 2년간 다음에 이사 갈 아파트를 꾸준히 물색하고 부동산에 수시로 들러 알아봤기 때문에 집을 구하는 건 어렵지 않았다. 한 달 정도 기다리자 원하던 아파트의 전셋집이 나왔다. 전세가는 1억 8,000만 원. 그렇게 나의 세 번째 집이 결정됐다.

그 집에 들어간 날 엄마와 나는 베란다에서 손을 맞잡고 덩실덩실 춤을 췄다. 엄마는 부모 도움 없이 집을 마련한 과년한 딸을 기특하게 생각했고 나는 내 계획대로 집이 점점 업그레이드되는 성취감을 맛봤다.

그 집에서 난 4년을 살면서 열심히 돈을 모았다. 당시 대출금을 모두 갚은 것은 물론이고, 다시 이사 계획을 세워 2015년에 마침내 3억 원대의 30평형대 아파트를 샀다. 물론 은행 대출을 받긴 했지만, 집에 관심을 가지고 내 집 마련을 준비한 지 딱 10년 만의 일이었다. 오래된 아파트지만 내 집을 가졌다는 사실이 너무 기뻤다. 그것도 내가 좋아하는 동네에, 내가 좋아하는 북한산 전망의 집을 소유하게 됐다.

적은 돈으로 집 구하기 전략

집 구하기에 정답은 없다. 결국 선택의 문제다. 원하는 집의 형태를 1순위로 삼을 것인지, 살고 싶은 지역을 우선순위로 놓을 건지, 아니면 정말 투자만 생각해서 집을 고를 것인지 등 자신이 가장 중요하게 생각하는 것 한 가지를 선택해야 한다.

예산이 적을 경우엔 선택이 더 신중해진다. 공간을 중요하게 생각한다면 낡은 집을 사서 취향에 맞게 고쳐 쓰는 방법이 제일 좋아 보인다. 투자 개념으로 생각한다면 한 번에 큰돈을 버는 것보다는 조금씩 여러 번 수익을 남기는 부동산 투자법을 생각해볼 수 있다.

〔 1. 오래된 집 탈바꿈시키는 리모델링 전략 〕

잘 꾸며진 집은 비싸다. 교통이 좋은 지역이라면 더더욱 값이 올라간다. 지금 서울에선 웬만한 돈으로는 집을 사기 힘들다. 하지만 여기 소개하는 사례들처럼, 열심히 발품 팔며 노력하면 2억에서 3억 사이의 집을 찾을 수 있다. 물론 이때 깔끔하고 예쁜 집은 포기해야 한다. 오래돼서 배수관도 손봐야 하고 외관도 낡았을 확률이 높다. 하지만 이런 집을 사서 리모델링해 쾌적한 공간으로 업그레이드하는 전략을 쓴다면 적은 돈으로도 내가 원하는 취향의 집에서 살 기회가 생긴다.

작은 식당을 운영하는 R 씨는 4년 전 사당동에 있는 방 2개에 화장실 1개짜리 빌라를 샀다. 오래돼 낡은 빌라로 원래 시세는 3억 원 정도였지만 경매를 통해 2억 원에 낙찰받았다. 모아둔 돈에서 모자라는 금액이 4,000만 원 정도였는데 오래된 집이라 수리비까지 계산해 5,000만 원을 대출받았다. 집 리모델링에는 1,000만 원을 썼다. 집을 수리하는 데 보통 평당 100~150만 원이 드는 것을 고려하면 집을 훌륭하게 고치기에는 부족한 액수였지만, 그래도 한 번에 써버리기엔 부담스러운 큰돈이었다. 하지만 R 씨는 하루 일을 마치고 돌아왔을 때 집이 쾌적하고 안락한 공간이길 바랐고, 또 내 집이다 보니 수리비가 아깝지 않게 느껴졌다고 한다.

돈이 가장 많이 든 곳은 화장실이었다. 화장실에만 300만 원을 들여 리모델링하고, 나머지 돈으로는 부엌 싱크대를 수리하고 거실 바닥을 나무로 교체했다. 벽과 천장, 문에는 친환경 페인트를 사다가 직접 칠했고 가구는 마음에 드는 것으로 하나씩 사서 모을 생각에 침대와 책상, 수납장만 놨다. 심심해 보일 수 있는 실내는 원색 계열의 커튼과 쿠션을 만들어 포인트를 줬는데, 이것도 계절별로 색을 달리해 분위기를 바꿨다. 이케아가 한국에 들어온 후에는 수납할 수 있는 장을 사다가 조립 대행업체에 맡겨 드레스룸도 완성했다.

R 씨는 "내 집을 가지기 전에는 집을 손보고 꾸미는 일이 이렇게 즐거운지 몰랐다"고 말했다. 친구들이 놀

러 와서는 건물 안과 밖이 너무 다르다며 칭찬했고 집을 더 예쁘게 꾸미라고 예쁜 소품들을 사 오기도 한다고 했다.

나도 낡은 집을 사 공사해서 공간을 내 취향대로 맞췄다. 내가 처음으로 소유한 집은 20년이 된 낡은 아파트였다. 준공할 때 한 인테리어를 한 번도 손보지 않아 몰딩과 문고리, 조명 등이 구식 분위기를 물씬 풍겼다. 베란다를 트지도 않았고, 3cm 정도 내려온 천장 조명은 집을 더 좁아 보이게 했다. 깨끗한 집에 살고 싶다는 욕망이 컸던 나는 대대적으로 수리하기로 마음먹었다. 바닥과 천장, 화장실 공사는 업체에 맡기고 직접 할 수 있는 것은 직접 해 비용을 아꼈다. 다행히 이케아와 무인양품에서 산 가구들이 깔끔하게 잘 맞아줘 가구를 들이는 데 큰돈이 들지 않았다.

이처럼 크게 수리를 하지 않더라도 간단한 페인트칠과 패브릭으로 분위기를 바꾸는 홈드레싱을 통해 공간을 업그레이드할 수 있다. 홈드레싱이란 전체적인 공간 콘셉트를 잡고 그에 맞춰 컬러를 정해 벽과 천장을 정리한 후 나머지는 포인트가 되는 몇 개의 가구와 커튼,

패브릭을 활용해 꾸미는 방법이다. 벽과 천장은 친환경 페인트로 칠해 분위기를 바꿀 수 있다. 생각만큼 쉽진 않지만 직접 하지 못할 정도로 어렵지도 않다. 집이 작다면 흰색으로 천장과 벽을 칠하고 문을 원하는 컬러로 칠하는 게 가장 무난한 방법이다.

최근엔 프렌치 클래식 스타일로 18세기 유럽 왕실이나 고성 같은 인테리어가 유행이다. 문까지 하얗게 칠하고 하얀색이나 밝은 회색의 몰딩을 벽과 문에 붙이면 꽤 근사한 분위기가 난다. 벽에 금색 프레임의 거울을 걸면 금상첨화다. 여기에 큼직한 기하학 패턴이나 꽃무늬가 직조된 커튼과 쿠션으로 포인트를 준다. 자신이 없다면 홈드레싱을 전문적으로 하는 업체의 도움을 받는 것도 괜찮다.

〔 2. 원하는 동네에서 작은 평수 크게 쓰는 공간 확장 전략 〕

집을 투자보다 주거 목적으로 생각한다면 내가 살고 싶은 지역을 먼저 선택한 후, 예산에 맞춰 구한 집을 최대한 넓게 사용하는 확장 전략을 활용할 수 있다.

내가 살고 싶은 지역의 집값이 저렴한 편이라면 다행이지만, 내가 살고 싶어 하는 지역은 대개 다른 사람들도 살고 싶어 하는 곳이다 보니 집값이 비싸기 마련이다. 요즘 싱글들이 모여드는 합정동, 연희동이나 마포 일대와 한남동이 대표적이다. 이런 '핫'한 지역에 살고 싶다면 가장 붐비는 동네를 살짝 비켜 인근의 동네를 선택하는 방법이 있다. 예를 들어 연희동을 원한다면 상대적으로 집값이 싼 연남동을, 상암동을 원한다면 가까운 일산 행신동을, 한남동에 살고 싶다면 옥수동이나 금호동 쪽을 선택하는 식이다. 인근 동네를 선택한다 해도 같은 돈으로 다른 지역 대비 작은 평수의 집을 구해야 하는 건 어쩔 수 없다. 이때는 작은 평수지만 넓게 쓸 수 있는 인테리어 확장 전략을 써볼 수 있다.

이 전략은 철저하게 선택과 집중의 법칙을 따른다. 내가 원하는 공간에만 힘을 주고 나머지는 포기하는 방법이다. 일반적으로 집의 구성공간으로 여겨지는 침실, 거실, 부엌, 욕실, 창고 등에서 내가 원하는 공간만을 널찍하게 구성하고 나머지 공간은 과감하게 생략한다. 요즘 주목받고 있는 미니멀라이프와도 일맥상통하는 방식이다.

30대 중반의 웹디자이너 L 씨는 홍대 문화가 마음에 들어 마포구에 둥지를 틀기로 마음먹고 연희동에 있는 15평대 복층 오피스텔을 샀다. 오피스텔은 팔 때 골칫거리가 될 수 있어 피해야 한다는 게 중론이지만, 나중에 인근 대학에 다니는 학생에게 임대를 놓아 노후 대비책으로 활용할 수도 있겠단 생각에 과감하게 구입을 결정했다.

그곳은 근처 대학생들이 월세로 많이 사는 오래된 오피스텔로, 15평이라고 하지만 2개 층을 모두 합했을 때의 크기여서 실제 한 층의 넓이는 7평도 안 되는 작은 공간이었다. 이렇게 작은 공간에 여느 집과 똑같이 침실, 거실, 부엌, 서재 등을 다 갖추는 건 힘들어 보였다. 억지로 구간을 나눈다 해도 물건들이 정신없이 쌓여갈 게 분명했다.

L 씨는 자신이 원하는 공간을 과감하게 선택해 그 공간만 넓게 사용하기로 했다. 침실이 중요하다면 다른 곳을 최소화하고 침실만 널찍하게 꾸미는 방법이다. 편

안하게 쉴 수 있는 침실과 음식을 직접 해 먹을 수 있는 부엌이 가장 중요했던 그는 1층은 부엌 겸 다이닝 공간, 2층은 침실로 정하고 나머지 공간은 최소한으로 줄이거나 없앴다.

그에 따라 가지고 있던 짐도 최소한으로 줄였다. 정말 필요하다고 생각하는 가전 외에는 모두 처분했다. 가지고 있던 캡슐커피머신과 커피포트 등 자잘한 소형 가전과 간편식을 데우는 데 쓰던 전자레인지도 없앴다. 집에서 일할 때를 생각해 꼭 있어야 한다고 고집했던 책상도 과감하게 없애고, 대신 침대 옆에 작은 테이블을 놔 노트북과 조명을 설치했다. 1층은 전체 공간을 부엌으로 꾸몄다. 중앙에는 기다란 아일랜드 테이블을 놔 요리와 식사를 할 수 있는 공간으로 만들었다. 1층의 높이가 높은 복층 구조의 장점을 활용해 한쪽 벽에 문이 달린 빈티지풍의 수납장을 높게 올려 식재료와 자잘한 도구들, 그리고 책과 옷까지 한번에 수납했다. L 씨의 소감은 이렇다.

"처음엔 여기서 어떻게 사나 싶었어요. 그랬는데 사는 데 정말 필요하고 중요하다고 생각하는 공간에만 집중해서 꾸몄더니, 오히려 전엔 왜 그렇게 쓸데없는 물건들과 공간을 끼고 살았나 싶어지더군요. 원하는 공간만 만들어놓으니 더 편안함이 느껴져요."

〔 3. 한 채에 2,000만 원만 남기는 집 투자 전략 〕

나는 내가 늙을 때까지 살고 싶은 집을 선택한 경우다. 지금 생각해보면 30대 초반에 가지고 있던 8,000만 원을 더 잘 굴렸다면 더 일찍 집을 가질 수 있었을 거라는 아쉬움이 있다. 당시에 동대문, 왕십리 쪽의 아파트를 산 친구들은 3~5억 원의 시세차액을 남겼다.

처음 원룸에서 나와 평창동으로 갈 때 대학가와 논현동, 광화문의 오피스텔도 봤다. 많이 본 곳 중 아쉬운 곳이 딱 두 곳이 있다. 마포구청 쪽에 있는 성산동 오피스텔과 아파트다. 오피스텔은 복층 구조였는데, 1억원으로 살 수 있었다. 하지만 15평이라는 작은 평수에다 복층 구조는 내 라이프스타일에 맞지 않았다. 그런데 몇 년 뒤에 알아보니 그 집은 1억 5,000만 원으로 5,000

만 원이 올라 있었다. 그 옆에 있었던 아파트 역시 다 허물어져가는, 녹물이 나올 정도로 오래된 아파트였다. 가격은 1억원 이상이었지만 재개발을 노려볼 만했다. 하지만 당시 나는 그 집의 컨디션이 너무 마음에 안 들었고, 그곳에 들어가 살 엄두가 안 나 나의 위시리스트에서 지워버렸다. 그 아파트는 2019년 재개발이 확정됐고, 이후 값이 천정부지로 올라 지금은 5억~6억 원대에 매매가 이루어지고 있다. 내가 '몸빵(낙후된 환경을 몸으로 버티는 것)'의 결심만 했더라면, 그 돈으로 지금쯤 더 많은 자산을 가지거나 혹은 내가 원하는 더 좋은 환경의 집을 살 수 있었다.

'그때 그 집을 샀더라면'이란 후회를 많이 했는데, 동시에 다른 생각도 든다. 집을 알아보러 다녀야 그런 매물이 눈에 보인다는 거다. 결혼을 안 한 사람들이 흔히 하는 오류가 알아보지도 않고 그저 걱정만 하는 거다.

내가 가진 돈 단위에 맞춘 집을 알아보다 보면 성산동 오피스텔 같은 매물이 나타난다. 그때가 바로 투자의 기회다. 쌓아놓은 돈으로 무리 없이 집을 사고 월세를 받을 수 있다면 우리가 이런 고민을 할 필요가 없지 않은가. 늘 빠듯한 상황에서 조금씩 아끼고 쥐어짜며 만들어놓은 돈과 부동산이 나의 노후를 지켜주는 자산이 된다.

지금은 부동산 규제로 여러 채의 집을 소유하는 게 세금폭탄을 맞는 지름길이 됐지만, 사실 지난해까진 갭투자를 통한 거래가 많이 이뤄졌다. 부동산 시세차액을 노린 것도 있지만, 월세를 받아 일을 하지 않고도 매달 현금이 들어오도록 하기 위한 투자가 많았다.

42세의 Y 씨는 지금 자신이 살고 있는 빌라에 월세를 받는 오피스텔 2개를 더 소유하고 있다. Y 씨는 30대 중반에 도봉구 창동의 작고 오래된 22평짜리 아파트를 처음으로 샀다. 당시 가지고 있는 돈은 6,000만 원이 전부였는데 집값은 2억이었다. 따라서 보증금이 많고 월세 비중이 적은 아파트를 골랐다. 이미 그 집의 세입자가 보증금 1억 4,000만 원에 월세 15만 원을 내고 있어서 Y 씨는 가진 돈 6,000만 원으로 해결할 수 있었다. 그 집은 준공 후 리모델링을 한 번도 하지 않아 같은 단지 내 다른 집보다 2,000만 원 정도 쌌다. 그는 월세를 부동산 취득세를 처리하는 정도로만 생각했다. 대신

생애 첫 집을 산다는 데 의미를 뒀다. 그는 "생애 첫 집을 사기 위해 서울의 변두리란 변두리는 다 가봤다"고 했다.

"집이란 걸 너무 가지고 싶었어요. 20대 중반부터 일을 시작해서 10년을 죽어라 일했는데 내 손에 아무것도 없는 거예요. 게다가 결혼도 못 했죠. 집을 사서 내 발을 땅에 묶어두고 싶었어요."

그녀는 4년 뒤 이 아파트를 팔아 1,800만 원의 수익을 남겼다. 그다음엔 신림동에 미분양된 30평형대 빌라를 샀다. 3동짜리 빌라였는데 미분양돼 2,000만 원 정도 싸게 살 수 있었다. 이 집도 팔 때 취득세, 재산세를 빼고 2,000만 원이 남았다. 이렇게 사고팔고를 계속하면서 얻은 수익만 8,000만 원이다. Y 씨는 이 돈을 가만두지 않았다. 여기에 대출을 받아 오피스텔을 하나 샀다. 그리고 직장생활로 모은 돈으로 오피스텔을 하나 더 샀다. 오피스텔 하나에서 75만 원, 나머지 하나에서 45만 원씩 해서 총 120만 원의 월세가 들어왔다.

보통 집을 팔아 시세차액을 남긴다고 할 때, 기대하는 수익금 수준이 상당히 높다. 부동산 개발이 활황이던 시절 아파트 하나를 사고팔 때 떨어지는 돈이 수천만 원에서 1~2억이 넘는다는 이야기를 하도 듣다 보니 부동산 매매 소득에 대한 기대감이 커진 것이다. 또, 집은 돈 단위가 워낙 크다 보니 사고팔아 수익을 남긴다고 생각하기가 쉽지 않다. 주식은 쉽게 몇천만 원씩 굴리면서도 집을 사고팔아 이윤을 남긴다는 생각 자체를 하지 못한다.

Y 씨는 자신의 직장생활을 잘 유지하면서 재테크 수단으로 집을 잘 운용한 사례다. 집을 사고팔 때마다 원칙을 '2,000만 원 수익'으로 세웠다. 그녀 스스로 "큰 욕심을 안 부린 것이 성공의 열쇠"였다고 말할 정도로 투자를 시작했을 때부터 기준을 낮춰 잡았다. 게다가 그렇게 모은 돈을 다른 데 써버리지 않고 모아 월세가 나오는 오피스텔을 샀다는 것도 좋은 투자 전략이다. 보통은 이 돈까지 합해 새로 큰 집을 사는데 말이다.

Y 씨는 오피스텔 경기가 안 좋아지면 팔아서 빌라를 한 채 살 생각이라고 했다. 지금 봐두고 있는 빌라는 2억 9,000만 원짜리인데 이 또한 몇 년 놔두면 2,000~3,000만 원 정도 오를 전망이 있어서다. 혹 안 팔린다면

여대생을 위한 셰어하우스로 개조해 운영해볼 계획도 가지고 있다.

이렇게 집을 투자 상품으로 삼아 바지런히 수익을 내는 사람을 보면 한 가지 질문이 떠오른다. 대체 어떤 집을 사야 하는지 어떻게 알까? 그 해답을 얻기 위해 소위 '찍어준다'는 부동산 학원에 다니는 사람은 많이 봤지만, 학원에 다녀 성공했다는 사람은 본 적이 없다.

그럼 Y 씨는 어떻게 했을까? 그는 "직장에 다니면서 매번 돌아다닐 수 없으니 인터넷으로 먼저 보고 관심 있는 곳을 찾아낸 후에 직접 가서 봤다"고 했다. 먼저 네이버와 다음 부동산 카페에 가입했고, 온라인 카페에서 오가는 이야기들을 읽고 오프라인 모임에도 나가 그들이 하는 이야기에 귀를 기울였다. 관심가는 지역이 생기면 신문기사나 시세 사이트 등에서 정보를 모은 후 매물을 보러 직접 가봤다. 그는 "오히려 내가 살 집을 찾는 것보다 더 쉽게 찾았다"고 했다. 내 집은 여러 가지 환경과 주거조건 등 고려해야 할 것이 많은데, 투자용 집은 몇 년 후 2,000만 원 정도 오를지만 가늠해보면 돼서 오히려 더 쉽다는 얘기다.

물론 처음 집을 샀을 땐 집값이 오르지 않고 지지부진해 화도 났다고 한다. 다른 곳 시세는 어떤지 부동산 시세를 보다가 같은 2억으로 3층짜리 원룸 건물을 살 수 있다는 정보를 보고 직접 가보기도 했다. 하지만 공실률이 높아 허탕을 치고 돌아왔다고 한다.

부동산 투자에서 열쇠는 '시작'이다. 처음 시작이 중요하다. 관심을 가지고 실제로 집을 사보면 점점 투자의 문이 열린다.

4 장

일하지 않아도 따박따박!

연금 마련하는 법

건물주가 아니라면 연금밖에 없다

30대 중반에 제대로 경제 독립을 하기 위해 나는 보험설계사가 된 대학 선배를 찾아가 진지하게 재무 설계를 받았다. 그는 현재 내가 가지고 있는 적금과 보험을 보더니 "연금은 하나도 없어?"라고 놀라며 당장 들어야 한다고 말했다.

"지금 쓸 돈도 없는데 연금을 꼭 들어야 해요?"

"퇴직한 후를 대비해야 하잖아. 그때 매달 들어갈 생활비를 준비해둬야지."

"다른 방법은 없을까요?"

"음, 다른 방법이 있긴 하지. 부동산을 사서 임대료 수익을 얻는 방법. 그런데 그것도 한 달 생활비 정도가 나오려면 작은 거 하나로는 안 되고 두세 개는 굴려야 해."

"에이, 그걸 누가 모르나요. 그렇게 하려면 그 집을 살 돈이 있어야 하는데, 전 지금 제가 살 집 하나도 사기 힘든데요."

"그렇긴 해. 그런 돈이 있다면 생계 걱정 안 하겠지. 그래서 연금밖에 답이 없다는 거야. 부동산에 투자할 돈은 없지만, 매월 조금씩 모아 목돈을 만드는 방법, 그게 연금이거든. 지금도 늦었어. 빨리 가입해!"

1층에 상가가 3개쯤 있는 5층짜리 건물이 하나 있어서 매달 임대료가 200~300만 원씩 꼬박꼬박 나온다면 좋겠다. 그러면 회사를 그만두고 좀 쉬면서 하고 싶은 일을 여유 있게 찾을 수 있을 텐데. 하지만 임대료가 나올 건물을 가지고 있지 않다면 은퇴 후 생계를 이어줄 수 있는, 현금이 월급처럼 나오도록 할 방법을 마련해야 한다. 그게 바로 연금이다.

특히 별다른 수입원이 없는 월급쟁이라면 노후 재정을 준비하는 가장 확실한 해답은 연금밖에 없다. 연금의 기본 개념은 소득이 있는 시기에 돈을 저축해놓고, 소득이 없는 노후에 이 돈을 나눠 받는 것이다. 지금도 수입이 적어 늘 부족하게 느껴지는데 그 일부를 떼어놔야 한다는 건 달갑지 않은 이야기다. 하지만 불확실하고 불안정한 시대에 노후를 준비하는 가장 확실한 방법은 현재의 지출을 줄이고 미래를 위해 저축하는 것이다.

국민연금 외에는 가지고 있는 연금이 없던 나는 그 자리에서 두 가지 연금을 들었다. 직장인이라면 꼭 들어야 한다는 '연금저축'과 국민연금과 연금저축을 보완해줄 '연금보험'이다. 연금보험으로는 보험사에서 운용하는 변액연금보험을 들었다. 연금저축과 국민연금이 안정적이니 고위험, 고수익의 상품을 하나 드는 게 좋겠다는 생각에서다.

10여 년이 지난 지금 생각하면 정말 잘한 일이라고 생각한다. 지금 연금으로 쌓여 있는 돈은 1억 원이 조금 못 된다. 부동산 시세가 너무 올라버려 부동산 투자를 하기엔 턱없이 부족한 돈이지만, 이 돈이 앞으로 내 생계를 유지할 수 있는 최소한의 생활비를 해결해줄 것이다. 그것도 죽을 때까지. 30대 중반, 늦었다고 후회만 하지 않고 바로 행동으로 옮긴 나를 칭찬하고 싶다.

연금이 뭐기에. 연금 기초상식 A to Z

그동안 내 인생에서 연금이라는 건 머릿속에 없는 개념이었다. 내 집 마련하기와 어학 공부, 대학원 진학 등 자기계발에만 집중했던 나는 연금에 관심이 없어서 그게 뭔지도 잘 몰랐다. 연금이란 공무원이나 교사에게나 해당하는, 나와는 동떨어진 얘기라고 생각했다.

하지만 전문가들과의 상담을 통해 매달 월급을 받는 월급쟁이, 특히나 자산 규모가 작은 홀로 벌이는 반드시 연금을 준비해야 한다는 걸 깨달았다. 연금은 구조가 복잡하다고 생각해 아예 알아보려고도 하지 않는 사람들이 많은데 사실 종류와 기본 개념을 한 번만 알아두면 그리 어렵지 않다.

연금은 노후생활을 보장하기 위해 정부, 기업, 그리고 개인이 소득이 있는 시기에 모아놓는 돈이다. 이를 소득이 없는 노후에 받는 '월급'이라고 생각하면 쉽다.

연금의 종류

- **국민연금**
- **퇴직연금**
- **개인연금**
- **주택연금**

연금은 크게 국민연금, 퇴직연금, 개인연금으로 나뉜다. 국민연금은 정부가 노인들의 최소 생계비를 지원하기 위해 마련한 제도이고, 퇴직연금은 퇴직금을 운용해 연금으로 받을 수 있게 한 것이다. 이 두 가지 외에 모자라는 노후 자금을 충당하기 위해 개인이 추가로 드는 연금이 개인연금이다. 주택연금은 주택을 담보로 매월 생활비를 받아쓰는 상품으로 역모기지론이라고도 한다. 집이 담보로 잡히지만 사망할 때까지 연금을 받으며 자가주택에서 살 수 있다는 장점이 있다.

〔 1. 국민연금 〕

국민연금은 직장인이 월급의 9%를 40년 동안 납입하면 노후에 생애 평균 소득의 40%를 수령하는 것으로 구조가 짜여 있다. 젊은 시절 비교적 적은 금액으로 노년을 준비할 수 있는 좋은 제도이지만 여기에도 함정이 있다. 국민연금은 만 65세가 돼야 수급 자격이 생긴다. 국민연금이 처음 만들어진 1988년에는 60세를 수급 자격 연령으로 정했지만, 연금 조기 고갈 문제가 제기되면서 1953년생부터 1~5세씩 늦췄다. 결국 1969년 이후 출생한 가입자는 만 65세가 돼야 연금을 수령할 수 있다. 그러니 50~55세에 직장을 그만두는 경우 10년에서 15년간 소득이 없는 공백기가 생긴다. 사정이 생겨 예상보다 빨리 퇴직하게 돼서 연금을 받아야 하면 조기수령도 할 수 있다. 단 이때도 나이는 55세 이상이어야 하고, 연금 가입 기간은 10년 이상으로 수입이 일정하지 않은 상태여야 한다.

하지만 국민연금은 퇴직 직전 소득의 20~30% 정도밖에 보장하지 못한다. 편안한 노후를 위해서는 다른 대책이 필요한데, 그게 바로 퇴직연금과 개인연금이다.

〔 2. 퇴직연금 〕

퇴직연금은 근로자의 안정적인 노후 준비를 지원하기 위해 2005년에 도입됐다. 직장에 다니는 동안 매월 일정액의 적립금을 외부 기관에 위탁하여 운용하는 제도로, 퇴직 후 연금으로 사용한다. 쉽게 말하면 퇴직금을 일시에 받지 않고 연금으로 전환해 받는 것이다. 물론 근로자가 원할 경우에는 일시금으로 받을 수 있다.

하지만 퇴직연금은 원한다고 누구나 연금처럼 받을 수 있는 건 아니다. 퇴직연금을 근무한 기업에서 받으려면 두 가지 요건을 충족시켜야 하는데, 가입기간 10

년 이상에 나이 55세 이상이어야 한다. 만약 지금 다니고 있는 회사에 10년 이상 근무한 게 아니라면 연금으로 받을 수 없다. 한 직장에서 오랫동안 근무했다 하더라도 연금 가입기간이 10년을 넘지 못하면 퇴직연금을 받지 못한다.

하지만 요즘 같은 시대에 10년 이상 한 직장에 있는 사람은 많지 않다. 자신의 커리어와 몸값 올리기를 위해 직장을 자주 옮기고, 나쁘게는 회사의 구조조정이나 직장 내 불화로 어쩔 수 없이 옮기는 경우도 허다하다. 문제는 이직이 잦은 사람은 퇴직할 때마다 적은 양의 퇴직금을 받아 그때그때 써버리는 경우가 많다는 것이다. 특히 싱글들은 이 돈으로 여행을 떠나거나 평소 가격이 비싸 엄두를 내지 못했던 가방이나 액세서리를 사기도 한다. '그동안 애쓴 나를 위한 선물'이나 '새로운 시작을 위한 격려'로 말이다.

예상했겠지만 이런 식으로 퇴직금을 소진하면 위험하다. 당장은 창업을 하거나 집을 살 수 없는 적은 돈으로 보이지만 이 돈을 모아놓고 노후에 나눠 쓴다면 노년이 풍요로워질 수 있으니 신중하게 다루길 바란다.

〔 3. 개인연금 〕

개인연금은 국민연금과 퇴직연금 외에 개인이 추가로 자유롭게 가입할 수 있는 사적 연금 상품이다. 은행, 보험사, 증권사들이 운영하는 연금저축, 연금보험이 여기에 해당한다. 개인연금은 정부가 세제 혜택을 줘 세테크의 목적으로도 사용할 수 있으니 나에게 필요한 상품이 무엇인지 관심을 가지고 잘 살펴볼 필요가 있다.

〔 4. 주택연금 〕

주택연금은 자기 소유의 집이 있을 경우 한국주택금융공사를 통해 집을 담보로 연금을 받는 상품이다. 평생 집 하나를 목표로 쏟아 부었던 돈을 다시 나눠 쓸 수 있어 나를 부양해줄 사람이 없을 경우 매우 유용하다.

주택연금은 일명 '역모기지론'이라고 부르는 장기주택담보대출이다. 내가 가지고 있는 주택을 담보로 매월 돈을 지급받는 것으로 사망 시까지 받을 수 있어 노후

생활에 큰 도움이 된다. 물론 그 집은 내가 죽고 나면 한국주택금융공사의 것이 되지만.

주택연금은 2021년부터 가입 대상이 확대됐다. 만 55세 이상으로 9억 원 이하의 주택이거나 지방자치단체에 신고된 노인복지주택이면 된다. 이전까진 만 60세 이상으로 기준이 시가 9억 원 이하의 주택이었는데, 2021년부터는 공시가 9억 원 이하로 바뀌어 시가 12~13억 원의 주택과 주거목적 오피스텔 보유자도 가입이 가능해졌다. 반드시 1주택이 아니어도 되고 다주택의 경우 합산 가격이 9억 원(공시가) 이하면 가능하다. 만약 9억 원이 넘는 2주택자라면 연금 가입 후 3년 이내에 한 채를 팔면 된다.

연금액은 가입 당시 국토교통부의 주택공시가격이 기준이다. 공시가격을 기준으로 매년 3.3% 상승률을 고려하여 책정한다. 만약 가입 이후 집값이 매년 3.3%보다 더 많이 오른다 하더라도 그 이상으로 계산해주진 않으니 집값이 크게 오른다면 상대적으로 손해 보는 셈도 되지만, 반대로 부동산 경기 침체로 집값이 떨어졌을 때는 이득이다. 만약 집값이 많이 올라 계약을 해지하고 싶다면 중도 상환 수수료 없이 계약을 해지할 수 있다. 단, 가입 시에 낸 초기 보증료는 환급되지 않는다.

지급액을 받는 방식으로는 일정 금액을 죽을 때까지 매달 받는 '종신 방식'과 내가 선택한 일정 기간만 받는 '확정 기간 방식'이 있다. 집을 담보로 한 대출이 있다면 대출 한도의 50% 초과 70% 이내에서 연금을 한꺼번에 받아 대출을 갚고 나머지 금액을 나눠 연금으로 수령할 수 있는 '대출상환 방식'도 선택할 수 있다. 따라서 집 소유자라면 대출 여부와 상관없이 연금화할 수 있다는 장점이 있다. 주택연금 자격이나 지금 보유하고 있는 주택의 월지급금 가능액은 한국주택금융공사 홈페이지(www.hf.go.kr)에서 확인해볼 수 있다.

기본 3층 연금에 주택연금까지 더하자

안타깝게도 국민연금만으로, 또는 퇴직연금만으로는 노후에 필요한 생활비가 조달되지 않는다. 결국 연금 세 가지를 한꺼번에 활용해야만 한다. 정부가 보장해주는 국민연금과 회사가 보장해주는 퇴직연금, 스스로 준비하는 개인연금 세 가지를 복합적으로 운용하면 생활비 걱정이 덜어진다. 이 방법은 은퇴 설계가 발달한 외국에서는 이미 보편화된 방법이기도 하다. 세 가지 연금으로 노후생활을 안정적으로 만든다는 의미에서 '3층 노후 보장 구조'라고 말한다.

3층 노후 보장 구조

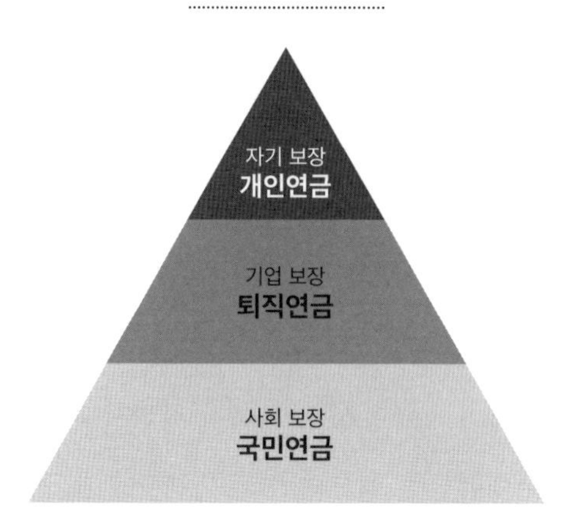

가장 근본이 되는 것은 국민연금이다. 국민연금의 역할은 최소한의 생계를 유지할 수 있도록 해주는 것이다. 그러므로 이것만 가지고는 생계만 유지될 뿐이지 안정적인 생활을 할 순 없다. 국민연금 위에 있는 퇴직연금은 퇴직금을 연금화한 것이다. 맨 위의 개인연금은 상품에 대해 세제 혜택을 줘 국민이 연금에 가입하여 노후 준비를 할 수 있도록 유도한다. 이렇게 세 가지 연금을 단계적으로 구성해놓으면 풍요로운 노후생활의 재정 구조를 가질 수 있다.

여기에 주택연금까지 합치면 가정 경제는 더욱 견고해진다. 우리나라처럼 '내 집'을 사기 위해 목숨 거는 사람들에게 참 좋은 방식이라고 생각한다. 생애 모든 소득을 쏟아부은 집이 노후생활까지 보장해주는 것이다. 특히 비혼 여성에게는 내가 꿈꾸는 나만의 공간과 노후 대비를 함께 할 수 있게 해준다.

은행원이면서 부동산으로 박사 학위를 딴 전문가인 K 씨는 주택연금을 최고의 노후 대책으로 추천했다. 지금 역모기지의 상한선인 9억 원짜리 주택은 역모기지를 할 경우 월 200만 원 내외의 연금을 받을 수 있는데, 여기에 국민연금만 합쳐도 안정적인 노후생활을 할 수 있다는 주장이다. 그는 그렇게 믿는 만큼 부동산에 자신의 소득을 모두 투자하고 집을 불려가는 데 주력하고 있다.

우리나라는 '집은 자식에게 물려준다'는 인식이 강해 자녀가 있는 경우 주택연금을 잘 생각하지 않는 경향이 있다. 자식 입장에서도 집을 물려받을 수 있다는 사회적 인식이 강하다 보니 부모가 집을 연금화해서 노후 자금으로 쓰겠다고 하면 반발하는 경우가 많다고 한다.

하지만 이제 시대가 달라졌다. 부모가 자녀의 집 문제를 해결해주기엔 너무 벅차다. 자녀도 마찬가지다. 부모의 노후를 책임지기엔 부담이 너무 크다. 자녀가 없는 비혼자는 이런 어려움을 겪을 확률이 낮지만 자녀가 있는 경우라 할지라도 집을 자식에게 물려주기보다 주택연금으로 전환해 자신의 노후 대비를 하는 쪽이 현명해 보인다.

비혼 여성이 반드시 들어야 할 연금은 이것

내가 처음으로 내 의지로 가입한 연금은 연금저축이다. 하지만 가입하면서도 연금에 대한 지식이 없어 '과연 제대로 가입한 게 맞나?', '보험 판매를 위해 나에게 실상은 별 필요 없는 상품을 권한 건 아닌가?' 하고 살짝 의심도 했다.

하지만 은퇴와 노후 준비에 대해 공부하면서 나는 그래도 이른 시기인 30대 중반에 다행히도 큰 고민 없이 해답을 찾은 것이었음을 알게 됐다. 어떤 전문가의 강연이나 책을 봐도 답은 '절세 차원에서 준비하는 연금저축'으로 한결같았기 때문이다.

먼저 연금저축에 대해 자세히 알아보자. 비용을 줄이면서도 노후 준비를 할 수 있는 가장 확실한 방법이 연금저축이다. 재무 전문가들은 연금 저축을 '서민들의 머스트 해브 금융 상품'이라고까지 말한다.

보통 직장인들에게 연금저축에 가입하는 이유를 물어보면 연말정산 때 도움을 받기 위해서란 대답이 가장 많이 나온다. 연말정산에서 세액을 공제받을 수 있는 금융 상품은 연금저축과 퇴직연금밖에 없기 때문이다. 1년에 400만 원까지 불입 한도가 정해져 있는데, 그 13.2%에 해당하는 세액 52만 8,000원을 공제받을 수 있다(연 소득이 5,500만 원 이하이면 16.5%로 최대 66만 원까지 공제받을 수 있다). 즉, 내가 낸 세금을 돌려받을 수 있는 가장 확실한 금융 상품이다.

하지만 연금저축에 가입한 사람도 자신이 가입한 상품에 대해 잘 모른다. 이유는 본인이 적극적으로 찾아서 가입하는 것이 아니고 주변의 추천으로 가입하는 경우가 많기 때문이다.

앞서 이야기한 '부동산이 최고의 노후 준비 전략'이

라고 믿는 은행원 K도 연금저축만큼은 들어놨다고 했다. 내가 그의 노후를 걱정하며 어떤 연금 상품을 가지고 있느냐고 묻자 그는 "연금저축 하나 말고는 연금 상품을 들지 않았다"고 했다.

집을 먼저 마련하고 주택연금을 이용한 노후 준비를 계획했기 때문이었는데, 연금저축만큼은 매년 소득공제가 되니 절세 차원에서 가지고 있다고 했다. 게다가 대부분의 은행이 자사의 연금저축 상품을 팔기 위해 직원들에게 거의 강제로 연금저축에 가입시키고 급여에서 떼어가는 형태로 운영하고 있다. 그 역시 마찬가지였다. 다음은 그의 말이다.

"처음엔 좀 억울하기도 했어. 내 의지로 가입한 게 아닌데 한 달에 30만 원이 넘는 돈이 들어가는 거잖아. 30만 원이면 꽤 많은 일을 할 수 있는데. 하지만 지금은 오히려 잘됐다고 생각해. 강제로 하지 않았다면 직장 초년생 때 연금 들 생각은 못 했겠지. 또 연말에 60만 원 이상의 세금이 절약되는 것을 보니 그 재미도 쏠쏠하더라. 깨지 못하는 적금 하나 더 든 건데 연금으로 운용되니 나이가 들수록 잘했다 싶어. 소득이 있을 때 조금씩 모아서 노년에 도움을 받는 거니까."

연금저축은 운용기관에 따라 크게 세 가지로 나뉜다.

첫 번째는 은행에서 운용하는 신탁성 연금저축이다. 은행이 연금으로 넣은 개인의 돈을 관리해 수익을 내서 이후 연금으로 지급하는 상품이다. 은행의 연금저축은 원리금 보장과 예금자보호가 된다는 것이 가장 큰 장점이다. 하지만 최근 정부에서 원리금 보장에 대한 정책을 풀려고 하는 움직임이 있으니 추이를 지켜볼 필요가 있다. 앞에서 말한, 비혼 여성이 반드시 들어야 하는 연금저축이 바로 이것이다.

두 번째는 자산운용사가 판매하는 펀드다. 주식, 채권 등을 판매해 수익을 내는 것으로 기대수익이 높은 만큼 원리금 보장이 안 된다는 단점이 있다.

마지막은 손해보험사, 생명보험사가 하는 보험이다. 종신형으로 수령할 수 있다는 것이 장점이지만, 대신 수수료가 많다.

전문가들은 두 번째 형태인 펀드를 많이 추천한다. 이유는 은행이나 보험사가 운용하는 연금 상품은 시간이 지날수록 금리가 낮아지는 경우가 많아서다. 연금에 가입할 때 처음엔 안전성 측면에서 원리금이 지켜진다는 연금저축이나 보험사의 연금보험에 가입하는 사람이 많다. 하지만 금리가 떨어지는 걸 경험한 후에는 수익률이 떨어질 부담감을 감수하고서도 은행이나 보험사 운용 상품에 비해 수익률이 상대적으로 높은 펀드로 바꾸는 경우가 많다. 물론 선택은 사람마다 다르다. 자산 운용 스타일에 따라 수익을 노리는 사람은 펀드로 가고 안전성을 추구하면 신탁이나 보험을 유지하려고 한다. 종신형 연금을 원하는 사람은 보험이 더 매력적일 수밖에 없다.

그렇다고 연금저축이 노후 준비의 완벽한 대안이 되는 건 아니다. 연금저축에는 두 가지 한도가 있어서 돈이 있다고 무제한으로 넣을 수 있는 것은 아니다.

첫 번째는 불입 한도다. 연 1,800만 원까지만 불입할 수 있다. 한 달로 따져보면 150만 원이다. 이 이상은 넣을 수 없다고 생각하면 된다.

두 번째는 세제 혜택 한도다. 세금을 깎아주는 세액공제 혜택에 대한 한도다. 연 400만 원으로, 약 월 33만 4,000원이다. 세액공제율은 소득에 따라 다른데, 연 소득이 5,500만 원 이상이면 13.2%로, 연금저축으로 400만 원을 다 넣을 경우 52만 원까지 돌려받을 수 있다. 소득이 5,500만 원 이하이면 세액공제율은 16.5%로 높아진다. 1년에 400만 원을 넣으면 66만 원까지 돌려받는다. 매월 33만 원을 넣는다면 두 달 치 불입금을 돌려받는 것과 마찬가지다.

단, 세액공제는 지금까지 세금을 낸 것을 돌려주는 것이지 내지 않은 세금을 돌려주는 것은 아니다. 세금을 낸 것이 66만 원보다 적다면 세금을 낸 만큼만 공제받을 수 있다.

연금저축의 기본은 5년 이상 돈을 내고 55세 이상부터 10년 동안 연금으로 받는 것이다. 쌓인 돈은 일시금으로 찾을 수 있고 연금으로 나눠 받을 수 있는데, 각각의 경우 내야 하는 세금이 달라진다.

연금으로 받을 때는 3.3~5.5%의 낮은 세율로 연금소득세를 낸다. 일시금으로 찾을 경우엔 16.5%를 낸다. 세금을 부과하는 항목이 연금소득세에서 기타소득세로 바뀌기 때문이다. 상품 취지상 노후 대비를 위한 상품으로 만들어놓은 것이기 때문에 일시금으로 찾을 땐 상대적으로 불이익을 본다. 정부에서 세율 차이를 크게 둬 '연금으로 받아라'라고 소리 없이 말하고 있는 것이다.

그렇다고 내가 낸 모든 연금에 같은 세율이 적용되는 것은 아니다. 연금은 '세액공제를 받은 돈'과 '납입은 했으나 세액공제를 받지 않은 돈', 그리고 그 돈으로 은행이나 보험사 등이 운용해 만든 '운용수익'으로 구성된다. 이 중 납입했지만 세액공제를 받지 않은 돈은 아무 때나 찾아 써도 불이익이 없다. 매년 연말정산으로 이미 세액공제를 받은 돈과 운용수익에 대해서만, 이를 일시금으로 찾을 때만 기타소득세로 높아진 세율을 적용받는다. 그러니 세금 면에서 손해를 보지 않으려면 전체를 연금으로 수령하는 게 가장 좋은 방법이다. 연금을 준비하는 이유가 노후를 대비하는 것인 만큼, 만기 이전에 돈이 필요하더라도 연금만큼은 그대로 두는 것이 세금을 아끼는 세테크법이다.

단, 해지해야 하는 부득이한 사유가 있을 때는 예외로 둔다. 대표적인 게 본인이나 부양가족이 3개월 이상 요양이 필요한 경우, 해외 이주의 경우다. 이때는 세율을 13.2%로 낮춰준다.

노후에 연금을 받을 때도 제한이 있다. 연금저축은 연간 1,200만 원, 월평균 100만 원 이하로만 받을 수 있다. 과거에는 연금을 1년에 600만 원 이상 받으면 종합과세를 했다. 하지만 공무원이나 교직원의 경우 받는 공적연금만 해도 600만 원이 쉽게 넘어 요즘은 한도가 1,200만 원으로 늘어났다. 연금저축으로 받는 금액이 연간 1,200만 원이 넘지 않으면 문제가 안 된다는 의미다. 이때는 연금소득세 3.3%만 내면 된다. 1,200만 원을 넘으면 전체 소득이 종합소득세로 넘어간다. 여러 연금기관으로 흩어져 있다면 합산해서 과세하니 합산 금액을 잘 확인해봐야 한다.

비혼 여성에게 더 필요한 절세 연금 전략

혼자 사는 사람들은 '싱글세'를 낸다고 말한다. 연말정산 때 공제액이 비교적 큰 가족공제를 받을 수 없기 때문이다. 같은 월급을 받더라도 부양가족이나 배우자가 있는 A 씨는 100만 원의 소득공제를 받을 수 있지만, 싱글인 B 씨는 못 받는다. 그러니 소득이 같더라도 세금을 더 많이 내는 셈이다 보니 '싱글에게만 적용되는 세금'이란 말이 나왔다.

특히 자산 규모가 작은 싱글 가구라면 세액공제 상품에 주목해야 한다. 같은 금융 상품에 가입하더라도 세액공제가 있는 상품과 없는 상품을 선택했을 때의 차이는 적게는 몇만 원에서 많게는 수십만 원에 달한다. 들어오는 돈은 정해져 있으니 돈을 더 모으는 방법은 나가는 돈을 아끼는 것뿐이다. 나도 모르게 새나가고 있던 세금을 아낄 방법을 찾는 것 또한 자산을 늘리기 위해 꼭 해야 하는 재테크법이다.

효과적으로 절세를 할 수 있는 가장 간단한 방법은 세금을 공제해주는 비과세 금융 상품을 찾아내는 것이다. 비과세 상품들에 가입해놓으면 따로 신경 쓰지 않고도 세금을 줄일 수 있다.

가장 대표적인 상품이 바로 연금이다. 연금은 비과세 혜택을 주는 몇 안 되는 금융 상품으로 노후 준비와 절세라는 두 마리 토끼를 한 번에 잡을 수 있다. 전문가들은 연금 중에서도 싱글이 꼭 들어야 하는 상품으로 연금저축과 개인형 퇴직연금IRP을 권한다. 거의 모든 금융 상품이 수익과 이자소득에 세금을 부과하는데, 이 연금들은 발생한 이자소득에 대해 세금을 면제해주는 비과세 혜택을 받을 수 있기 때문이다.

연금저축은 1년에 400만 원, 개인형 퇴직연금까지

하면 300만 원을 추가해 1년에 700만 원까지 연말정산 때 공제받을 수 있다. 그렇게 해서 절세할 수 있는 세액만 1년에 94만 5,000~115만 5,000원이다. 세금 차이는 자신의 연봉과 연동되는데, 기준이 5500만 원이다. 연봉이 5500만 원 미만이면 연금저축 400만 원+개인형 IRP 300만 원을 함께 납입했을 때 총 115만 5,000원까지 돌려받을 수 있다. 또 연봉이 5500만 원이 넘는 직장인이라면 같은 금액을 연금저축과 개인형 IRP에 넣었을 때 총 92만 4,000원까지 돌려받는다. 꽤 큰 액수이니 놓치지 말자.

프리랜서나 자영업자라면 노란우산공제를 꼭 챙겨야 한다. 노란우산공제는 일반 직장인과 다르게 퇴직금이 없는 사업자가 목돈을 받을 수 있도록 정부에서 지원하는 적금 방식의 제도다. 월 5만 원에서 최대 100만 원까지 적립할 수 있는데, 납입금액을 모두 소득공제로 활용할 수 있어 이득이다. 소득에 따른 과세표준에 따라 공제금액과 절세효과가 달라지지만 4,000만 원 이하의 과세표준 구간에 적용된다면 최대 500만 원까지 소득공제를 받을 수 있어 33만 원 이상의 절세 효과를 누릴 수 있다. 더욱이 파산하더라도 노란우산공제는 압류되지 않고 연금으로 받을 수 있다.

그다음으로 생각해봐야 하는 것이 연금보험이다. 연금보험은 보험사가 운용하는 연금 상품으로 10년 이상 넣었을 때 보험차익에 비과세 혜택을 주는 세제 비적격 상품이다. 월급이 적어 연금 상품을 하나만 들겠다고 결정하고 연금저축과 연금보험 사이에서 고민하고 있다면, 연금저축을 먼저 들고 다음에 연금보험을 들 것을 추천하고 싶다. 연금저축은 가입 후 불입한 금액에 대해 매년 연말정산 시 세액공제를 해준다. 이에 비해 연금보험은 내가 불입한 금액 이상으로 받게 되는 보험차익에 대해서만 비과세 혜택을 주고, 또 10년 이상의 불입기간이 있어야 하기 때문이다. 기간으로 보나 비과세 혜택을 받을 수 있는 금액의 규모로 보나 연금저축 쪽이 훨씬 유리하다. 그러다 보니 연금저축과 연금보험은 유지율에도 차이가 난다. 연금저축은 가입 후 10년이 지났을 때도 50% 이상이 계좌를 유지하는 반면, 연금보험은 25%로 유지율이 낮다.

단계별 연금 전략으로 평생 월급 받기

요즘 '소득 공백기'를 어떻게 보내느냐에 대한 이야기가 많이 나온다. 소득 공백기란 퇴직 후 국민연금을 수령할 때까지 빈 시간, 즉 소득이 없는 기간을 말한다. 국민연금이 노후 자금을 충당해준다지만 출생 연도별로 60~65세가 돼야 연금 수령을 시작할 수 있다. 이 책을 보는 당신이 1969년생 이후 출생자라면 무조건 65세 이후에나 연금을 수령할 수 있다. 55세에 직장을 그만둘지도 모르는데 국민연금만 기대하다간 10여 년의 기간을 소득 없이 보내야 한다는 의미다.

미래에셋 은퇴연구소의 자료에 따르면, 소득 공백기를 어떻게 보내느냐에 따라서 노후생활의 전체적인 질이 결정되는 경우가 많다고 한다. 퇴직 후 불행해지지 않기 위해서는 소득 공백기를 잘 보낼 수 있는 전략이 필요하다는 얘기다.

소득 공백기를 잘 극복하려면 내가 낸 연금을 언제부터 받을 수 있는지 따져보고 중간에 소득이 끊기지 않도록 연결할 필요가 있다. 사실 연금에 가입한 사람은 많은데 이 문제는 그다지 고민하지 않는다. 하지만 노후에 받을 평생 월급을 위해 꼭 필요한 과정이다. 지금 내가 매달 힘겹게 내고 있는 연금을 언제부터 받을 수 있는지 종류별로 살펴보자.

가장 먼저 받을 수 있는 연금은 연금보험이다. 연금보험은 가입자가 수령 시기를 정할 수 있는데, 보통 45세부터 받을 수 있다. 55~65세부터 개시하는 다른 연금에 비해 수령 나이가 이르기 때문에 여유가 된다면 다른 연금을 받기 전까지 버틸 수 있는 1단계 연금으로 준비해두는 것이 좋다.

물론 모든 연금보험이 45세부터 연금을 지급하는 건

아니다. 가입자가 어떤 수령 형태를 선택하느냐에 따라 달라진다. 연금보험은 연금을 받기 시작할 때 일정 기간 원금과 이자를 똑같이 분할해 받는 '확정형', 사망 시까지 계속해서 연금을 받을 수 있는 '종신형', 원금의 이자에 해당하는 금액만 연금으로 받고 원금은 가입자가 죽거나 만기가 됐을 때 정해진 연금 수익자에게 지급하는 '상속형'이 있다. 확정형은 기간을 정해놓고 일정 금액을 받는 것이기 때문에 그 기간이 끝나면 더는 연금을 받을 수 없다. 하지만 정해놓은 기간에는 내가 사망하더라도 지정된 보험 수혜자가 대신 받을 수 있다.

비혼 여성이라면 종신형을 선택하는 것이 바람직할 것 같다. 실제로 가입자의 90%가 종신형을 선택한다. 종신형을 택할 경우 일찍 사망하면 납입한 돈을 다 못 받는다는 걱정이 있을 수 있다. 이를 보완하는 방법으로 보증 지급기간이 있다. 연금을 수령하기 시작했을 때 '20년 보증'으로 수령 방법을 선택하면 조기에 사망해도 내가 지정한 수혜자가 나머지 기간 동안 받을 수 있다.

55세가 되면 퇴직연금과 연금저축을 수령할 수 있

다. 퇴직할 때 개인형 퇴직연금에 이체해둔 퇴직금과 연말 세액공제를 받기 위해 연금저축이나 개인형 퇴직연금에 추가로 납입한 적립금이 여기에 해당한다.

연금저축은 55세 이후에 10년 동안 연금으로 수령할 수 있다. 국민연금이 개시되는 65세까지의 공백기에 연금저축을 나눠 받는다면 소득 공백기를 지내는 데 힘이 된다. 세액공제를 받은 연금저축 적립금 역시 55세 이후 연금으로 받으면 3.3~5.5%의 연금소득세만 내면 된다. 퇴직금을 개인형 퇴직연금에 이체한 다음 55세 이후에 연금으로 받으면 퇴직소득세를 최대 30%까지 아낄 수 있다. 그러지 않고 55세 이전에 찾아 쓴다면 퇴직소득세를 다 내야 하고, 연금저축 적립금 역시 연금소득세가 아닌 기타소득세가 적용돼 16.5%의 세율을 적용받는다.

주택연금은 2021년부터 55세 이후로 가입연령이 낮아졌다. 지난해까진 60세부터였다. 집을 담보로 이제만 55세부터 가입과 동시에 연금이 개시된다. 집을 여러 채 보유한 경우라도 합산 가격이 공시가 9억 원 이하면 된다. 9억 원이 넘는다면 가입은 가능하지만 가입

3년 이내에 9억 원 이하에 맞춰 소유한 집을 정리해야 한다. 2021년부터 주택뿐 아니라 주거용 오피스텔도 연금 혜택을 받을 수 있다.

65세가 되면 국민연금을 받을 수 있다. 1969년 이후 출생자의 경우 국민연금 가입기간이 10년 이상일 때 받을 수 있는 연금이다. 출생 시기에 따라 개시 연령이 달라진다.

국민연금 개시 연령

- **1952년 이전 출생: 60세**
- **1953~56년생: 61세**
- **1957~60년생: 62세**
- **1961~64년생: 63세**
- **1965~68년생: 64세**
- **1969년 이후 출생: 65세**

연금 수령 시기는 은퇴 준비 상황에 맞춰 최대 5년을 미루거나 당길 수 있다. 연금 수령 시기를 1년 앞당길 때마다 매월 받을 수 있는 연금액이 6%씩 줄어들고, 반대로 1년 늦출 때마다 7.2%씩 늘어난다.

힘들게 만들어놓은 연금 자산인 만큼 타는 것도 전략적일 필요가 있다. 각기 다른 연금 수령 시기를 활용해 은퇴 후에 꾸준히 들어오는 평생 월급을 만드는 것이 중요하다.

5 장

아파도 괜찮아!

보험 마련하는 법

혼자 사는데 건강 문제가 생기면 재앙이다

화장품 회사에 다니는 35세 P 과장은 자궁에 물혹이 있다는 산부인과 진단을 받았다. 지금은 크기가 작아 문제가 되지 않는 수준이지만, 3개월에 한 번씩은 산부인과에 들러 추이를 지켜봐야 한다고 했다. 요즘은 주변에 자궁 물혹이 있다는 친구들이 많아 큰 병이라는 생각은 안 들지만, 그래도 30대에 자궁암이나 유방암에 걸린 사람들 얘기가 많이 들려오다 보니 전에 없던 건강 걱정이 생겼다. 앞으로 결혼을 할지 안 할지도 모르는 상황에서 자궁암이라도 걸리면 어떡하나 하는 생각에 옆 팀의 친한 K 대리에게 걱정을 털어놨다.

P 과장_ 나 이번에 건강검진 받았는데 자궁에 물혹이 2개 나 있다지 뭐야.

K 대리_ 진짜요? 크기가 얼마나 된대요? 문제는 없는 거죠?

P 과장_ 응. 지금은 별문제 없대. 하지만 3개월에 한 번씩 초음파 검사하면서 더 커지는 건 아닌지 확인해 봐야 한대. 자궁암은 아니라지만 기분이 좀 꿀꿀해.

K 대리_ 에이, 과장님. 그 정도는 누구나 있어요. 그래도 계속 검사를 해야 한다니 걱정은 되네요.

P 과장_ 그러게 말이야. 그동안 너무 건강에 관심이 없었던 것 같아. 초음파 검사도 한 번에 10만 원 이상 하던데 정기적으로 받아야 한다면 들어가는 비용도 만만치 않겠어.

K 대리_ 보험 있잖아요. 그거 보험 될 텐데요?

P 과장_ 보험? 무슨 보험?

K 대리_ 전 실손보험으로 처리해요. 전액을 돌려받는 건

아니지만 꽤 도움이 돼요. 매달 들어가는 보험료도 그리 많지 않아서 들어놓을 만하던데요. 실손보험이 아니더라도 요즘은 자궁암이나 유방암에 대한 걱정이 많아서 암보험도 많이 들어요.

그때까지 P 과장은 보험에 대한 불신으로 어떤 보험도 가입하지 않았다. K 대리와 이야기를 나눈 후 두세 명의 또 다른 동료에게 보험에 관해 물었고 다들 한두 개의 보장성 보험을 가지고 있다는 걸 알게 되었다.

요즘은 젊은 시절부터 건강에 관심을 가지는 사람들도 많지만, 여전히 P 과장처럼 보험에 관심이 없는 사람도 많다. 주변에서 보험에 가입해달라고 찾아오는 사람이 많다 보니 누군가 '보험'이라는 말만 꺼내도 도망가느라 바빴을 것이다. 또 보험에 들어가는 돈은 '버리는 돈'이란 생각도 크다. 보험에 대해 긍정적으로 생각한다 할지라도 당장 빠듯한 수입의 일부를 떼어 보험에 넣기보다는 그 돈으로 적금이나 재테크를 하겠다고 생각한다. 물론 선택은 자신의 몫이다. 하지만 '건강 대비' 측면에서는 보험에 대해 다시 생각해볼 필요가 있다. 보험은 혹시라도 미래에 생기게 될 건강 문제에 사용할 돈을 마련해놓는 것이기 때문이다.

이제 우리의 평균 수명은 80세를 넘어 100세에 다다르고 있다. 직장이 든든하거나 소득 생활이 잘 유지돼 60세까지 돈을 벌 수 있다 하더라도 그 후 30년이 넘는 시간을 소득 없이 버텨야 한다. 연금을 통해 현금이 들어온다고 하더라도 30~40대 때에 비하면 매우 적은 돈으로 생활해나가야 한다. 이런 상황에서 덜컥 큰 병에라도 걸리면 의료비 지출이 생활에 큰 부담을 주게 된다.

게다가 여자는 더하다. 지금 한국 총가구의 4분의 1 이상을 차지하고 있는 1인 가구 중 여성 1인 가구와 60대 이상의 1인 가구가 빠른 속도로 늘어나고 있다. 더욱이 여성의 수명이 남성보다 길다 보니 기혼자 중에도 남편을 보내고 홀로 10~15년을 살아가는 '나 홀로 할머니 가구'가 늘어나는 추세다. 또 한 가지, 슬프게도 여자는 남자보다 은퇴 시기도 빠르다.

이 모든 걸 종합해봤을 때 앞으로 겪게 될지 모르는 건강 문제에 대비하지 않으면 생활의 근간이 흔들리리라는 건 불 보듯 뻔하다. 특히 요즘은 노후까지 가지 않더라도 30대부터 중대질병을 앓는 여성이 꽤 많다. 중년의 질병으로만 여겨졌던 유방암이나 자궁암, 갑상샘 관련 질병도 유행병처럼 흔해졌다.

이런 건강 문제가 발생할 때 들어가는 비용은 의료비만이 아니다. 돌봐줄 사람이 없으니 간병비도 생각해야 하고, 또 수술과 치료를 받는 동안 일을 못 하니 소득이 끊기는 것도 큰 문제다. 50대가 넘어 노령층으로 접어드는 시기에 큰 병으로 일을 그만둬야 한다면, 그 이후에는 아예 일을 할 수 없게 될 확률이 높다. 기댈 수 있는 가족이 있다면 이런 문제에 조금은 부담을 덜 느껴도 좋겠지만, 비혼은 홀로 노후를 준비해야 하지 않는가. 그러니 나이 들어 맞닥뜨릴 수 있는 문제를 구체적으로, 더 본격적으로 대비해둬야 한다.

건강을 위한 보장성 보험에 집중하라

정리해서 말하자면, 비혼 여성에게 보험은 노후에 일어날 수 있는 건강 문제를 해결할 수 있는 자금 확보 방편이다. 여기서 주목해야 할 단어는 '건강'이다. 노후를 위한 생활비를 마련한다거나 나중에 쓸 목돈을 만드는 게 목적이 아니다. 건강에 문제가 생길 경우를 대비한 돈을 평소에 조금씩 넣어놓는 형태다. 노후 생활비를 만들기 위해 평소에 돈을 조금씩 모아놓는 연금과 비슷하게 말이다.

보험의 기본 개념은 우리의 전통적인 협동조합 형태

인 두레나 계와 같다. 여러 명이 하나의 목적을 가지고 돈을 조금씩 모아놨다가 아픈 사람이 있을 때 그 돈을 몰아주는 방식이다. 차이점은 계는 돈을 낸 사람 전원이 목돈을 받을 때까지 지속되지만, 보험은 내가 돈을 받지 못할 수도 있다는 것이다. 하지만 그건 아프지 않았다는 의미이기도 하니, 약간 억울한 마음은 들겠지만 오히려 좋은 일이다.

보장성 보험에 가입했다면 일단 노후의 건강 문제에서는 웬만큼 대비책을 세운 것으로 보면 된다. 저축 등으로 목돈을 만들었다가 나중에 아플 때 쓰면 된다고 생각한다면 그것도 방법이다. 하지만 중대질병에 들어가는 돈은 수술비와 입원비를 합하면 한 번에 수백에서 수천만 원에 이른다. 치료 기간이 길어진다면 수입이 끊긴 상태에서 내가 가지고 있는 자산을 빼서 사용하는 데는 한계가 있다. 흔히 말하는 '곶감 빼 먹듯' 모아놓은 돈을 빼 쓰다 보면 어느새 바닥이 드러난 통장 잔고를 확인하게 될 것이고, 그땐 이미 돌이킬 수 없다.

비혼 여성인 42세 M 씨는 남들에 비해 건강 걱정이 많다. 어릴 때부터 그다지 튼튼하지 않았고 늘 잔병치

레를 해왔기 때문이다. 가족 중에 큰 질병이 있는 사람은 없었지만 최근 뇌졸중으로 사망한 회사 사람이 있어 '나도 다르지 않을 수 있다'는 생각에 보험을 줄줄이 들었다.

M 씨의 가입 보험 내역

- **○○화재 의료실비보험 3만 4,000원**
- **□□생명 건강보험 7만 8,000원(골절, 뇌출혈 특약)**
- **△△생명 암보험 6만 1,000원**
- **××생명 변액종신보험 49만 원**

이 중 의료실비보험은 평소에 사용하는 의료비 지원 목적으로, 건강보험은 갑작스럽게 발생하는 뇌출혈에 대비해서, 암보험은 유방암이나 자궁암 등에 대비해서 들어놨다. 마지막 변액종신보험은 연금으로 사용할 목적으로 월 49만 원의 큰돈을 넣기로 했다. 이렇게 해서 M 씨가 한 달에 내는 보험료는 66만 3,000원. 350만 원 안팎의 적지 않은 월수입으로도 버거운 금액이었다.

그는 보험 전문가를 찾아 보험 진단을 받았고 의료실비보험과 암보험만을 남기고 보험을 정리했다. 뇌출혈, 골절이 걱정되어 들었던 건강보험은 암보험으로 대체했고, 연금 목적인 변액종신보험은 해지하고 투자성이 높은 연금보험 상품으로 바꿨다. 그랬더니 M 씨가 매달 내는 보험료는 이제 10만 원이 채 안 됐지만 건강에 관련된 보장 내용은 그대로 지킬 수 있었다.

보험은 크게 보장성과 저축성 두 가지 목적으로 나눠볼 수 있다. 보장성 보험이란 매달 보험금을 불입하지만 보험 가입 시 내건 조건에 해당하는 질병이나 사고가 발생하지 않았을 때는 원금을 회수하지 못하고 없어지는 보험이다. 저축성은 은행 저축 상품처럼 원금과 운용 수익을 보험 만기에 돌려받을 수 있는 보험이다.

설명만 보면 저축성 보험이 훨씬 좋은 조건으로 보이지만, 함정은 저축성 상품을 굳이 보험으로 들 필요가 없다는 것이다. 보험이란 오랜 기간 목표액을 설정해 돈을 조금씩 모아가는 것인데 그 불입금에 대한 이율이 은행이나 증권사 등 다른 금융사에 비해 적고, 또 상품을 운용하는 사업비를 수수료로 많이 떼어가기 때문에 저축성 상품으로는 적합하지 않다는 것이 전문가들의 공통된 의견이다. 생활비를 보조하기 위한 개인연금은 연금보험에 가입해야 한다. 종종 보험 수익률이 높다는 말에 건강 문제를 대비하기 위한 보험을 연금과 같은 개념으로 넣는데, 이것은 바람직하지 않다.

보장성 보험은 내가 넣은 원금을 돌려받진 못하지만 건강에 문제가 있을 때 받을 수 있는 혜택이 저축성 보험보다 훨씬 크다. 평소 소액씩 넣었다가 아플 때 내가 쓴 의료비를 돌려받거나, 큰 병에 걸렸을 때 비용 부담 없이 치료받을 수 있다. 그러니 노후의 건강 문제에 대비해 보험을 들 때는 원금을 돌려받지 못하더라도 보장성 보험을 드는 것이 좋다.

그러면 나이가 들었을 때 가입하면 되지 않겠냐고 생각할 수 있다. 지금 아프지도 않은데 굳이 돌려받지도 못 할 돈을 넣기가 아깝다는 마음이 드는 건 당연하다. 하지만 아이러니하게도, 건강과 관련된 보험은 아플 때는 가입할 수 없다는 조건이 있다. 건강할 때가 아니면 가입할 수 없고, 또 나이가 많으면 많을수록 매달 납입해야 하는 보험료가 커진다. 그러니 노후 준비를 결심했다면 건강과 관련된 보험 한두 가지를 들어놓도록 하자. 바로 지금 말이다.

비혼 여성이 꼭 알아둬야 할 건강 관련 보험

보험은 정말 종류가 많다. 회사별로 시기별로 매번 새로운 상품이 쏟아져 나오고, 이미 나와 있는 상품의 약관도 상황에 따라 바뀐다. 또 가입자의 나이와 상황, 목적에 따라 설계가 무궁무진하게 달라지기 때문에 '○○보험사의 ○○○○보험에 가입하는 게 제일 좋다'는 식으로 추천하기가 어렵다. 연금이나 집과 관련된 재테크 상품 정보를 찾으면 명백하게 상품 정보가 나오지만 보험의 경우 어떤 상품을 드는 게 낫다는 정보를 보기 힘든 이유다.

지금 나와 있는 보험 중 보험 설계사들이 추천하는 건강과 관련된 가장 중요한 보험만을 추려보면 의료실비보험, 건강보험, 종신보험 세 가지로 정리할 수 있다.

건강과 관련된 보장성 보험

- **암, 심장질환 등 중대질병(CI)보험**
- **의료실비보험**
- **종신보험**

〔 1. 중대질병보험 〕

중대질병보험은 종신보험과 같이 평생 보장하면서도 중대질병 발생 시 사망보험금의 80~100%를 미리 지급하는 보장성 보험을 말한다. 큰 병에 걸렸을 때 의료비를 확보할 수 있어 유용하다. 중대질병에는 암, 뇌혈관질환, 심장질환인 3대 질병과 심장, 간, 폐, 신장, 췌장의 5대 장기 이식수술, 그리고 급성심근경색증, 말기

신부전증 등이 해당된다. 모두 한 달 이상의 입원이 필요하거나 고액의 치료가 필요한 경우인데, 병명과 자세한 보장 사항은 보험사와 상품별로 다르니 보험 설계사와 상담해봐야 한다. 암만 따로 보장하는 암보험도 크게는 여기에 속한다.

중대질병보험은 문재인 정부의 의료비 지원 확대 정책이 발표되면서 관심이 높아졌던 보험 상품이다. 앞으로 정부가 기존의 실비보험이 해줬던 역할을 상당 부분 대신할 것으로 기대되면서, 노후의 의료비 준비가 과거 의료실손보험 수준에서 벗어나 암이나 중대질병을 대비하는 쪽으로 바뀌었기 때문이다.

먼저 암에 대해 이야기해보자. 우리나라 성인 3명 가운데 1명은 암에 걸린다는 통계처럼 암은 지금 우리에게 가장 가깝고도 무서운 질병이다. 암에 걸리면 보통 수천만 원의 치료비가 들어가기 때문에 가족의 생활까지 위기를 맞게 된다. 200만 원 이상의 암 치료비는 국민건강보험공단에서 지원해주지만 신약 치료 등 비급여(건강보험이 적용되지 않아 환자가 전액 부담하게 되는 치료비) 치료비가 상당수 차지해 별도의 암보험을 들어

대비할 필요가 있다.

암보험과 중대질병보험은 실제 치료비보다 정액의 보험금과 생활비를 주는 게 특징이다. 자궁암 수술을 받은 40대 여성이 입원비 400만 원(비급여 200만 원)에 수술비 1,600만 원(비급여 300만 원)을 부담해야 하는 경우를 생각해보자. 실손보험이 없을 경우, 이 여성은 건강보험에서 급여(건강보험 적용되어 건강보험공단에서 일부 비용 지원하는 병원비) 부문의 80%만을 지급하기 때문에 800만 원(총 의료비 2,000만 원에서 건강보험이 지급하는 1,200만 원을 제외한 금액)을 본인이 부담해야 한다. 실손보험에 가입했다면 급여, 비급여 상관없이 자기 부담금의 80~90%(급여 90%, 비급여 80%)를 받을 수 있어 결국 130만 원만 부담하면 된다. 향후 건강보험 보장이 확대돼 병원비 중 비급여 부분이 전부 급여화된다면 실손 미가입 시 400만 원, 실손 가입 시 자기 부담금은 40만 원으로 뚝 떨어진다.

하지만 암, 중대질병보험 가입에 따른 보험금 수령액 자체는 변하지 않는다. 생활비와 진단비를 모두 보장해주는 암보험에 들었다면 건강보험 보장 강화 여부와 상관없이 진단 시점에 1,000만 원을 받고 생활비로 최대 5년까지 매월 100만 원을 받을 수 있다. 건강보험 확대 전 실손보험 없이 암보험만 들었다면 자궁암 진단 시 1,000만 원(암보험금 수령)에서 800만 원(치료비 부담액)을 뺀 200만 원 정도 돈이 남는다. 건강보험 확대 후에는 암 진단 시 1,000만 원(암보험금 수령)에서 400만 원(치료비 부담액)을 뺀 600만 원이 손에 들어온다. 실손보험까지 가입했다면 자신이 부담하는 비용은 40만 원까지 떨어져 960만 원의 보험금을 챙길 수 있다. 결국 건강보험 확대 여부와는 별개로 암보험을 유지하면 상당 규모의 보험금과 생활비를 보장받을 수 있는 셈이다. 물론 보장 내용은 보험사와 상품별로 다르다. 이상은 하나의 예시로, 자신이 가입한 상품의 보장 내용을 반드시 꼼꼼하게 살펴봐야 한다.

다시 정리하자면 암, 중대질병보험과 의료실비보험의 차이는 이렇다. 의료실비보험은 내가 쓴 의료비의 일부를 돌려주는 것이다. 중대질병보험은 가입자가 의료비를 얼마나 썼든 상관없이 가입 시의 조건에 따라 의료비 지원금으로 정해진 금액을 내준다. 따라서 회사마다 가입자의 나이와 건강 상태, 심지어 설계자의 역량에 따라 조건이 달라진다.

그렇다면 중대질병보험을 선택할 때는 어떻게 해야 할까? 일단 치료비 부담을 줄이기 위해서는 진단금이 큰 보험을 선택하는 게 방법이다. 그럴 경우 월 납입액 부담이 크므로 보장기간을 될 수 있는 대로 길게 하는 게 좋다. 다시 말해 하루라도 나이가 어릴 때 가입하는 게 좋다는 얘기다.

전문가들은 치매와 같은 노인성 질환에 대비하려면 장기 간병 상태LTC까지 보장받을 수 있는 중대질병보험에 가입하는 것이 좋다고 한다. 중대질병은 물론 중증 치매나 질병 등으로 이동, 식사, 목욕 등 일상생활이 어려울 때도 의료비를 미리 받을 수 있다. 최근에는 중증 세균성수막염, 루게릭병, 다발경화증, 일부 갑상샘암은 물론, 뇌출혈, 뇌경색증 등 중대질병 발생 전 단계나 중대질병과 연관성이 높은 중증질환을 보장해주는 중대질병보험도 나와 있다.

〔 2. 의료실비보험 〕

의료실비보험은 사고, 수술, 치료 등으로 병원을 찾을 경우 환자가 부담하는 병원비의 80%를 부담해주는 보험 상품이다. 실비보험, 실손보험, 민영의료보험, 병원비보험 등 다양한 이름으로 불린다.

국민건강보험이 보장하는 급여 항목뿐 아니라 비급여 항목의 치료비까지 다 보장해줘 실질적으로 청구된 병원비를 보장받을 수 있다는 장점이 있다. 특히 CT, MRI 등 국민건강보험 혜택을 받을 수 없는 고가의 검사비까지 보장해줘 일상생활에 가장 밀접하고 보험금 지급률이 높은 생활형 보험으로 자리 잡았다.

하지만 최근 정부가 비급여 항목을 급여 항목으로 확대하는 의료비 확대 지원 정책을 발표하면서 실손보험의 역할이 축소될 전망이다. 아직까지는 이 보험의 상품, 혜택 등이 어떤 방향으로 바뀔지 명확하지 않다.

〔 3. 종신보험 〕

종신보험은 한 번 가입하면 어떤 형태의 사망이든 사망 보험금이 평생 보장되는 보험 상품이다. 가입자가 원하는 대로 각종 건강과 관련된 특약을 넣을 수 있어 건강 관련 보험으로도 사용된다. 가입자가 사망했을 때 거액의 보험금이 지급되기 때문에 남겨진 가족의 생계를 보장해줄 수 있다는 매력이 있다. 미국, 유럽 등에서는 남녀 구분 없이 결혼을 하면 종신보험에 가입한다. 배우자를 위한 배려다.

투자 수단으로서의 기능도 갖추고 있는데, 매월 일정액의 보험료를 냄으로써 수억 원의 재산을 만들어 가족에게 줄 수 있기 때문이다. 만약 만기까지 건강하게 생존한다면 만기 환급금을 받아 연금으로 전환하여 사용할 수도 있다. 단, 다른 보험에 비해 보험료가 비싼 편이라는 게 단점이다. 예컨대 사망보험금으로 1억 원을 보장할 경우 월 30만 원 정도를 내야 한다.

보험료, 얼마가 적당할까?

의료실비보험 외에도 앞으로 들어갈 의료비를 준비하고자 한다면 건강보험이나 종신보험을 고려할 수 있다. 건강보험은 날 돌봐줄 가족이 없는 경우나 가족의 부담을 줄이기 위해 준비해두는 좋은 대비책이지만, 보장형이므로 무리할 필요는 없다는 게 전문가들의 조언이다.

소득수준에 따라 다르지만, 건강보험료는 자기 소득의 5% 정도로 잡으면 좋다. 보험 설계사들은 "보장성보험이 자기 소득의 10%를 넘어가는 사람은 거의 없다"라고 입을 모은다. 젊었을 때는 돈 들어갈 때가 많으니 보장성 보험에 자기 소득의 많은 부분을 투자하지 않는다는 의미다. 물론 가족력으로 중대 질환이 있다면 얘기는 달라진다. 부모나 조부모가 암이나 특이 질병으로 일찍 사망했다면 암보험의 보장 내용을 높게 잡아 준비해놓는 것이 좋다. 하지만 보통 20~30대의 경우 소득의 5% 내외, 40대 이상의 경우 소득의 7~8%를 투자한다.

비혼 여성이 자신의 사망 시 남겨질 부모를 위해 준비한다면 가입해도 좋다. 그렇다 하더라도 경제적 부담이 크지 않도록 월 소득의 5~7% 정도에서 보험료를 결정하라고 권한다. 또, 종신보험을 보장성 보험 겸 연금 목적으로 가입하는 것도 추천하고 싶지 않다. 결론부터 말하자면 연금으로 받는 수령액이 연금보험에 비해 적기 때문이다.

여기서 알아야 할 것이 종신보험은 연금보험에는 없는 위험보험료를 뗀다는 점이다. 위험보험료는 건강, 사망과 관련된 보장성 보험을 실행하는 데 드는 비용이라고 생각하면 된다. 그러므로 같은 금액을 연금보험과 종신보험에 납입한다고 가정했을 때, 위험보험료를 떼는 종신보험이 차후 수령할 수 있는 연금액이 적어지는 건 당연하다.

예를 들어 40세 여성 A 씨가 매월 26만 원씩 20년간 납입하고 사망 시 1억 원을 주는 종신보험에 가입했다고 하자. 20년간 내는 보험료는 6,240만 원이고, 여기에 이자를 더하고 보험사 운영에 필요한 사업비와 위험보험료를 뺀 적립금은 약 5,400만 원이다. A 씨가 60세에 종신보험을 연금으로 전환하면 매년 연금 수령액은 260만 원 정도가 된다. 하지만 같은 보험료를 같은 기간 내는 연금보험에 가입했을 경우 낸 보험료는 동일해도 적립금이 7,700만 원으로 더 높다. 위험보험료를 떼지 않기 때문이다. 자연적으로 연금 수령액도 연간 340만 원 선으로 더 많다.

최저보증이율 때문에 종신보험에 가입하는 경우도 있다. 최저보증이율이란, 시중지표금리나 운용자산이 수익률이 하락하더라도 보험회사가 지급하기로 약속한 최저금리를 말한다. 하지만 보험사가 자신 있게 제시하는 최저보증이율을 제대로 챙겨받지 못할 위험이 있으니 잘 따져봐야 한다.

예를 들어 많은 사람이 최저보증이율이 3.5%라고 하면 원금에 대한 이율이 3.5%라고 생각하고 지금 은행의 예금이율이 1%대도 안 되니 적금보다 더 나은 선택이라고 생각한다. 하지만 여기서 보장하는 최저보증이율은 원금이 아니라 보험금의 운용 수익금에 대한 이율이다.

또 간과하지 말아야 할 것이 보험사가 운용하는 보험료는 내가 낸 보험금 그대로가 아니라는 점이다. 내가 낸 보험금에서 사업비와 위험보험료를 떼고 난 후의 금액이 기본이 된다. 그러니 종신보험은 보장성 보험으로만 생각하고, 안정된 연금을 목적으로 한다면 연금보험을 선택하는 것이 낫다.

비혼 여성의 보험 가입 원칙

비혼 여성이라면 의료실손보험만큼은 들어두는 것이 좋다. 추가로 필요한 보험이라면 중대질병에 대비한 건강보험과 중대질병을 지원해줄 수 있는 종신보험 정도가 되겠다.

비혼자가 반드시 기억해야 하는 보험 원칙은 보장은 늘리고 보험료는 줄여야 한다는 것이다. 나중에 생길 병에 대비하겠다고 지금의 생활을 포기하기보다는 최소한의 돈으로 노후의 건강 문제를 대비해놓고 나머지 돈으로는 집이나 연금, 재테크에 투자하는 게 현명하다.

나이가 들어 보험에 가입하려면 조건이 까다로워지는 데다 보험료가 비싸진다. 어떤 상품은 아예 가입 자체를 받아주지 않는다. 정작 보험이 필요한 나이에는 가입조차 마음대로 안 된다는 뜻이다. 보험사 측의 입장도 설명을 들으면 그럴 만하다. 보험이라는 것이 여러 사람이 낸 돈을 모아 수혜자를 돕는 것인데, 가입자의 나이가 많으면 질병에 걸릴 확률이 높아 보험금을 지급해야 할 확률이 높아지니 다른 고객들에게 피해가 갈 수 있다는 논리다.

건강보험과 암보험은 나이를 제한하지는 않지만, 고령이면 보험료가 높아지고 병력이 있다면 가입을 받아주지 않는다. 그러니 소액으로 노후의 건강 문제를 대비하고자 보험을 고려한다면 한 살이라도 젊고 건강할 때 가입해두는 길밖에 없다.

에/필/로/그

10년 후 찾아올 거야, 큰절하러

"이런 얘기, 왜 아무도 안 해줬죠?"

스스로 자산 관리를 하기 시작하면서 몇 번이고 들었던 생각이다. 나는 맏이다. 갑자기 가족 이야기를 꺼내는 건 '언니'가 있었다면 이런 문제가 해결됐으리라는 기대 때문이다. 언니가 있는, 특히 나이 차이가 큰 언니가 있는 친구들은 실전에 뛰어들기 전에 간접 경험을 통해 '월급은 이렇게, 적금은 이렇게'라는 식으로 경제적으로 독립하는 법을 체득했다(했다고 믿는다!). 난 사회생활을 10년이나 한 뒤에야 '나도 언니가 있었으면 허송세월하지 않았을 텐데'라는 푸념을 했다. '부모님이 그 역할을 대신해주면 되지 않냐'고 묻는다면, 부모님도 말 그대로 '제 코가 석 자'였다. 20~30대의 월급쟁이가 어떻게 월급을 관리하고 돈을 불려야 하는지 알지 못했다. 그러니 나에게 조언하지 않았다고 뭐라 탓할 순 없다. 그래, 남 탓하지 말자. 내가 그들의 입장이었어도 그랬을 거다.

하지만 집을 구할 때마다 한 번씩, 목표한 액수에 돈을 채우기 힘들 때마다 한 번씩 더 빨리 움직이지 않은 게 아쉬웠다. 내가 이 방법을 20대에 알고 실행했다면, 지금쯤 조금 더 만족스러운 집을 살 수 있는 자금을 모았을 것이다.

그래서 나는 어느 정도의 목돈과 자산을 만든 뒤부터 쓸데없는 버릇이 생겼다. 나이가 어린 여자 후배들을 붙잡고, "월급 관리는 어떻게 하고 있니", "집을 사라", "연금은 들었냐"는 이야기를 몇 시간씩 한다. 점점 초점이 흐려지는 후배들의 눈동자를 보면서 "이거는 내가 먼저 해보고 하는 이야기"라는 단서도 잊지 않고 덧붙인다. 집중해. 혼자 독야청청 살아가려면 이건 진짜 필요한 거라고!

이 책은 그 잔소리의 산물이다. 3년 전 처음 펴낸 책을 더 쉽고 친근하게, 그리고 액기스만 뽑아 개정판을 낸다. 내가 너희들의 언니가 되어 돈 관리할 수 있는 방법을 알려주마. 이런 각오로 혼자 사는 친구들의 등을 툭툭 두드려주며 힘을 보태주고 싶다. 알아. 막막하지. 하지만 잘할 수 있어! 걱정 마!

고마운 건 그동안 강연을 통해 만난 많은 친구들이다. 20~30대의 젊은 친구들이 눈을 반짝이며 자산관리법을 궁금해했고, 한 마디를 놓칠세라 메모를 했다. 그 모습을 보고 '요즘 친구들은 참 현명하구나'라고 느꼈고 대견했다.

강의를 통해 사람들을 만나면서 20~30대가 평생의 경제력을 만들기 정말 중요한 시기라는 것을 다시 한번 깨달았다. 지금, 이 순간 어떻게 하면 돈을 잘 관리하고 혼자서도 잘 살아갈 수 있는 경제적 받침을 만들어가야 하는지, 이미 그 길을 걸어본 언니의 노하우를 전수해주겠다. 나의 글이 그네들의 불안감을 없애고 제대로 된 길을 보여줄 수 있다면 참 기쁘겠다.

혼자 사는데 돈이라도 있어야지

개정판 1쇄 발행 2021년 3월 10일
개정판 2쇄 발행 2022년 3월 10일

지은이 윤경희
펴낸이 김남전

편집장 유다형 **편집** 이경은 **디자인** 어나더페이퍼
외주교정 이하정 **마케팅** 정상원 한웅 정용민 김건우 **경영관리** 임종열

펴낸곳 ㈜가나문화콘텐츠 **출판 등록** 2002년 2월 15일 제10-2308호
주소 경기도 고양시 덕양구 호원길 3-2
전화 02-717-5494(편집부) 02-332-7755(관리부) **팩스** 02-324-9944
홈페이지 ganapub.com **포스트** post.naver.com/ganapub1
페이스북 facebook.com/ganapub1 **인스타그램** instagram.com/ganapub1

ISBN 978-89-5736-280-8 03320

※ 책값은 뒤표지에 표시되어 있습니다.

※ '가나출판사'는 ㈜가나문화콘텐츠의 출판 브랜드입니다.
